Klaus Frey/Uwe Hertzsch

MEIN SACHSEN LOB' ICH MIR

Von den Landschaften
Sachsens

VOLK UND WISSEN VERLAG GMBH

Inhalt

Mit dem Hofgeographen Augusts des Starken durch den Freistaat Sachsen

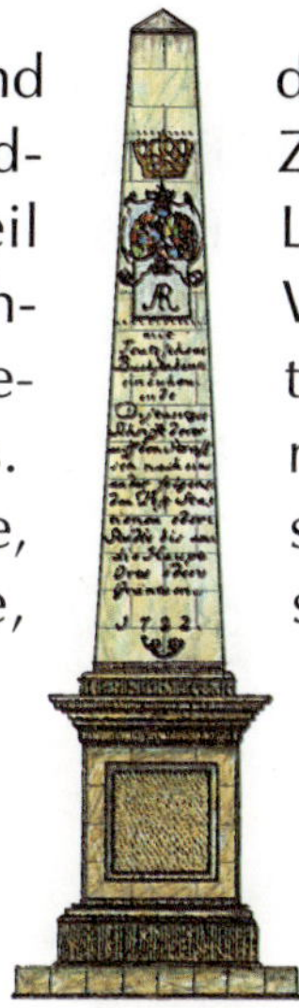

Kommt ihr mit, liebe Leserinnen und Leser? Wir wollen durch die Landschaften Sachsens reisen. Und weil wir uns ganz in Ruhe umsehen möchten, suchen wir uns diesmal ein besonders gemächliches Fahrzeug aus. Da fällt uns ein: August der Starke, der Kurfürst von Sachsen, wollte, nachdem er 1697 die polnische Königskrone errungen hatte, die Wirtschaft seines Landes verbessern. Dafür brauchte das Land auch ein gutes Verkehrsnetz. Da kam ihm das Hobby eines Landpfarrers aus Skassa bei Großenhain gerade recht. Adam Friedrich Zürner hatte sich schon als Student mit Geographie beschäftigt. Als Pfarrer zeichnete er eine Karte seines Pfarrgebietes, die so gut war, daß er zum »churfürstlichen Geographen« ernannt wurde und den Auftrag erhielt, eine »Neue Chursächsische Post-Charte« mit genauen Entfernungsangaben zwischen sächsischen Orten anzufertigen.

Zum Messen der Entfernungen baute Zürner in eine Kutsche Geräte ein, welche die Umdrehungen der Räder auf ein Zählwerk übertrugen. So ließ sich die Länge von Strecken leicht ermitteln. Weil die alten Holzwegweiser verrottet waren, ließ er im Auftrag des Königs steinerne Postmeilensäulen aufstellen, die das königliche Wappen schmückte. Einige sind bis heute erhalten. Neben diesen 4,70 Meter hohen Distanzsäulen, die auf Marktplätzen oder vor den Stadttoren standen, wurden noch drei weitere Arten von Meilensteinen aufgestellt. In die Steine waren eine Jahreszahl, das Posthorn und die Buchstaben AR eingemeißelt, das heißt »Augustus Rex«, »König August«. Insgesamt fertigte man ungefähr 1000 Säulen an. Zürner legte bei seinen Meßfahrten eine Strecke zurück, die viermal um die Erde reichen würde.

Fahren wir doch mit dem Meßwagen Zürners durch Sachsen! Der »Land- und Grenzkommissario« würde heute viel Neues entdecken – und jeder von euch vielleicht auch.

Meilenwagen und Meilenkarren des Adam Friedrich Zürner

Dem Freistaat Sachsen wird »Maß genommen«

Der Freistaat Sachsen mit seinen fast 5 Millionen Einwohnern liegt im Osten der Bundesrepublik Deutschland und umfaßt eine Fläche von rund 18 300 Quadratkilometern. Hier würden über 2 Millionen Fußballfelder hineinpassen.

Die größte Entfernung von Wörblitz im Norden nach Oberwiesenthal im Süden beträgt 136 Kilometer und von Nieder Neundorf im Osten nach Markranstädt im Westen 193 Kilometer. Wer den höchsten Punkt Sachsens erklimmen will, muß auf den 1214 Meter hohen Fichtelberg steigen. An dessen Fuß ist in 920 Metern Höhe der höchstgelegene Ort Sachsens zu finden, er heißt Oberwiesenthal.
Der tiefste Punkt des Freistaates ist bei Dommitzsch im Kreis Torgau. Er liegt immerhin noch 74 Meter über dem Meeresspiegel.

Nördlichster Ort:
Wörblitz
(Landkreis Torgau/Oschatz)

Östlichster Ort:
Zentendorf
(Niederschlesischer Oberlausitzkreis)

Südlichster Ort:
Schönberg
(Elstertalkreis)

Westlichster Ort:
Langenbach
(Elstertalkreis)

Von der Schiffahrt auf der Elbe

Den Namen Elbe benutzten schon unsere Vorfahren aus früher Zeit, die Germanen. Er bedeutet ganz einfach »Fluß«.
Die Elbe entspringt im Riesengebirge in der Tschechischen Republik. Sie mündet bei Cuxhaven in die Nordsee. Der Fluß ist 1112 Kilometer lang. Durch Sachsen fließt er über eine Strecke von 122 Kilometern. Dabei überwindet er insgesamt nur einen Höhenunterschied von 27 Metern – das begünstigt die Schiffahrt.
Auf tschechischem Gebiet nimmt die Elbe drei Flüsse auf: die aus dem Isergebirge kommende Iser, die im Böhmerwald entspringende Moldau und die aus dem Fichtelgebirge stammende Eger.
In Sachsen münden einige kleinere Flüsse in die Elbe. Erst nachdem die Elbe Sachsen verlassen hat, erreichen sie größere Flüsse wie die Mulde, die Saale oder die mit der Spree vereinte Havel. Alljährlich wälzen sich mehrmals Hochwasserwellen den Strom hinab, so manches Mal kommt die Schiffahrt zum Erliegen.
Früher behinderten auch viele Untiefen, Sandbänke und Inseln den Schiffsverkehr auf der Elbe, heute finden wir nur noch wenige Inseln.

Früher zogen auf einem schmalen Treidelpfad die Treidler oder »Bomätscher« Elbkähne flußaufwärts.

Als die Dampfmaschine erfunden war, trieb man die Schiffe mit Hilfe einer Zahnradtrommel an einer 668 Kilometer langen Kette von Hamburg nach Melnik.

1837 fuhr das erste Dampfschiff, die »Königin Maria«, elbaufwärts in die Sächsische Schweiz.

Noch heute fährt in Sachsen die größte Raddampferflotte Europas.

Auf der Elbinsel bei Pillnitz

Turmfalke Waldkauz Graureiher Eisvogel Schwarzmilan

Die Elbinsel bei Pillnitz steht unter Naturschutz.
In den mächtigen Linden, den graustämmigen Buchen und den Ahornbäumen, aber auch in den Roßkastanien, die im Frühjahr weißgelbe oder rote Blütenkerzen tragen, finden viele Vögel ein ideales Nistgebiet. Schnelle Turm- und Baumfalken jagen hier ihre Beute im Flug. Nachts ertönt der Ruf des grauen oder rostbraunen Waldkauzes. Manch abergläubischer Mensch fürchtet sich davor.
Viele Zugvögel halten auf der Insel Rast.

Unbeweglich steht im flachen Wasser der Graureiher und lauert auf Beute. Er frißt Fische, Frösche, Libellen oder auch Mäuse, die er blitzschnell mit seinem langen spitzen Schnabel ergreift. Auch das trillernde »Hühühhüüüü« des Schwarzmilans ist zu hören, der auf der Suche nach treibenden toten Fischen über den Fluß streicht. Selbst der seltene, farbenprächtige Eisvogel schwirrt über das Wasser, um plötzlich mit einem raschen Tauchstoß Fische und andere kleine Tiere zu erbeuten.

Pillnitz-Elbinsel (links im Bild)

Ein Haus für eine Zimmerpflanze?

Jawohl, das gibt es!
Im Schloßpark von Pillnitz bei Dresden, in diesem wunderschönen Park, der das nach chinesischem Vorbild erbaute Schloß umgibt, steht eine Kamelie, die ihr eigenes Haus besitzt. 1,8 Millionen Mark hat es gekostet.
Die Kamelie ist vermutlich 1770 nach Pillnitz gebracht und 1801 an ihrem jetzigen Standort eingepflanzt worden. Schon damals hatte man sie »umhaust«, um sie vor den starken Frösten im Winter gut zu schützen.
Eines Tages, in einem sehr strengen Winter, brannte das hölzerne Schutzhaus nieder. Ein Teil der Kamelie verbrannte, ein anderer Teil erlitt Frostschäden. Das Löschwasser gefror an den Zweigen, so daß viele von ihnen abbrachen.
Heute wird die wahrscheinlich älteste Kamelie der Welt durch ein modernes Haus aus Glas und Aluminium geschützt, das im Sommer beiseite gerollt und im Winter beheizt und belüftet werden kann. Die 9 Meter hohe und 8 Meter breite »Zimmerpflanze« soll doch noch viele Jahre die Besucher mit ihren zahlreichen schönen Blüten erfreuen.

Kamelie oder Camelie

**aus Japan oder China stammende,
mit dem Teestrauch verwandte Pflanze,
die bei uns als Zimmerpflanze weit verbreitet ist;
mit glänzenden immergrünen Blättern und großen weißen oder roten Blüten**

Knospen der Kamelie

Das ehemalige Kamelienhaus in Pillnitz

Blüten der Kamelie

Von Affensteinen, steinernen Muscheln und Wasseramseln im Elbsandsteingebirge

Nachdem die Elbe das Riesengebirge verlassen hat, durchfließt sie in weitem Bogen Böhmen und erreicht bei Tetschen (Dečin) das Elbsandsteingebirge. Von hier durchfließt sie bis Pirna ein 41 Kilometer langes Engtal.

Wer aufmerksam durch das Elbsandsteingebirge wandert, kann Aufregendes entdecken. In Steinbrüchen finden sich Reste von versteinerten Muscheln und Schnecken.

Sind diese Meerestiere denn in die Felsen gekrabbelt, um dort zu versteinern? Wie aber gelangten sie sonst hierher?

Versetzen wir uns in eine Zeit vor ungefähr 100 Millionen Jahren. Im Gebiet des heutigen Elbsandsteingebirges befand sich ein schmaler Meeresarm. Sand und Reste von abgestorbenen Meerestieren wurden hineingespült, lagerten sich in ihm ab und verfestigten sich. Eine Sandsteintafel entstand. Gewaltige Kräfte im Innern der Erde hoben sie später heraus. Ein Gebirge aus Sandstein befand sich nun dort. Flüsse schnitten sich in Tausenden von Jahren tief in das Gestein. Sonne, Regen, Wind, Eis und Schnee zerklüfteten es und bildeten verschiedene, manchmal seltsame Steinformen. Zu ihnen gehören die Affensteine, so der »Kreuzturm«, die wahrhaft »Morsche Zinne« oder der »Bloßstock«. Mit Affen haben diese Steine nichts zu tun. Ihren Namen erhielten sie vom Uhu. Den nannte man früher wegen seiner reglosen, aufrechten Haltung den »Auf«.

Blüten der Heidelbeere

Lilienstein

Früchte der Heidelbeere

Zwei Schweizer Maler, die sich im 18. Jahrhundert im Elbsandsteingebirge aufhielten, fanden diese Bergwelt so interessant, daß sie sie »Sächsische Schweiz« genannt haben sollen.

Ebene, hochgelegene Flächen, steile Felsen und Schluchten prägen die Landschaft des Elbsandsteingebirges. Hochflächen werden vorwiegend landwirtschaftlich genutzt. Die aufragenden Steine wie der Königstein und der Lilienstein bedeckt nur eine dünne Bodenschicht. Auf ihr wachsen das rotlila blühende Heidekraut, aber auch die Heidelbeere und die blutrote Preiselbeere. Vereinzelt finden wir Kiefernwald.

Den kahlen Stein der steilen Felswände überziehen nur grünlichgelbe oder graugrüne Flechten. Ihnen genügt schon feuchte Luft, um leben zu können. Hoch oben auf Felsvorsprüngen und in Felsspalten entdecken wir sogar Birken und Kiefern. Sie klammern sich mit ihren Wurzeln fest.

In den tiefen Schluchten ist es auch im Hochsommer feucht und kühl.

Farne mit ihren reich gegliederten Blättern und viele feuchtigkeitsliebende Pflanzen gedeihen hier. In kalten, sauberen Bächen wie der Kirnitzsch tummeln sich schillernde Forellen, die hier ihr ganzes Leben verbringen. Sie ernähren sich von Insektenlarven, von denen es auf einem Quadratmeter bis zu 6000 gibt. Früher legten hier sogar Lachse ihre Eier ab. Die in den nördlichen Meeren lebenden Fische drangen bis in die kühlen, sauerstoffreichen Flüsse vor, zum Beispiel die Polenz. Viele starben, ein Teil kehrte nach dem Laichen in das Meer zurück.

Für den sächsischen Fürstenhof mußten Amtsfischer die Tiere einfangen und in besondere Gräben setzen. Die adligen Herrschaften erfreuten sich dann daran, die Fische mit spitzen Eisengabeln aus dem Wasser herauszustechen.

Mit etwas Glück ist hier ein kleiner graubrauner Vogel mit weißem Brustlatz zu beobachten, der sich kopfüber ins sprudelnde Wasser der Bäche stürzt und am Boden entlang bis zu 20 Meter weit läuft, um Nahrung zu suchen. Es ist die Wasseramsel, und ihre Beute sind kleine Krebse, Würmer und Larven.

In den schwer zugänglichen Waldgebieten wie denen des Großen Winterbergs und des Zschand verstecken sich Rothirsche, aber auch Gemsen, die hier ausgesetzt wurden. Als gewandte Kletterer erklimmen die Gemsen selbst steile Hänge. In den zahlreichen Felsspalten des Elbsandsteingebirges nisten Hohltauben, Mauersegler, Dohlen, Turmfalken und viele andere Vögel.

Forelle

Gemse

Uhu

Lachs

Wasseramsel

BERGSTEIGER ERKLIMMEN DIE STEILSTEN WÄNDE

Vor langer Zeit verunsicherten Raubritter die Wege im Elbsandsteingebirge. Sie lebten im Vorderen und Hinteren Raubschloß oder in der Felsenburg Neurathen. Reisende mieteten früher Sesselträger oder Saumtiere (Saum = Last), um auf die Berge zu gelangen. Heute nutzen Besucher die vielen gut ausgebauten Wanderwege. Tausende schauen jährlich von der Höhe der Bastei ins Elbtal und weit in das Land. Wie Spielzeug sehen von hier oben die Züge, die Autos und die Elbdampfer aus. Einem glitzernden Band gleich zieht sich die Elbe durch die Landschaft.

Die Bergsteiger jedoch verschmähen die bequemen Wanderwege. Sie klettern nach festen Regeln in den Felsenrevieren. Die Gipfel erhielten von ihnen phantasievolle Namen: »Talwächter«, »Mönch«, »Höllenturm«, »Affensteine«, »Walddieb«, »Bielazwerg« und viele andere. In alten Urkunden wird von Kletterern berichtet, die bereits 1777 auf die Berge kraxelten.

Auf 1088 Gipfeln gibt es inzwischen Gipfelbücher. Darin dürfen sich Bergsteiger eintragen, die den Aufstieg geschafft haben. Über 9000 verschiedene Kletterwege führen zu diesen Gipfeln.

Als »Klettergipfel« gelten »freistehende Felsen ab 10 Meter Höhe, die nur durch Kletterei, Übertritt oder Sprung von benachbarten Felsen zu ersteigen sind«.

Kletterwege sind nach Schwierigkeitsstufen eingeteilt, nur gute und ausgezeichnete Bergsteiger können sie bewältigen.

Leider verunglücken in der romantischen Bergwelt immer wieder wagemutige, aber leichtsinnige junge Leute, weil sie meinen, auch ohne Ausbildung auf die steilen Gipfel klettern zu können.

BEI DEN STEINBRECHERN IN DER SÄCHSISCHEN SCHWEIZ

Wenn wir auf schmucken Elberaddampfern das Elbsandsteingebirge durchfahren, erblicken wir zur Linken und zur Rechten des Flusses die kahlen, glatten Wände ehemaliger Sandsteinbrüche. Sandstein nutzt man als Baumaterial. Fast überall im Sachsenland sind Schlösser, Kirchen und Bürgerhäuser aus Sandstein zu finden, wie auch die Sandsteinfiguren in den sächsischen Parkanlagen oder die Postmeilensäulen, die der Hofgeograph Zürner in Sachsen aufstellen ließ. Damals gab es neben Fischern, Webern, Waldarbeitern, Flößern und Bauern den Beruf der Steinbrecher. In einem alten Buch heißt es:

Sandsteinfigur

»... bevor der Stein fertig wird, kostet er den Arbeitern viel Zeit und Schweiß. Der feine Staub, welchen sie beim Behauen der Steine täglich einschlucken ..., in dem sie ganz vom Schweiße trieten und in der brennendsten Hitze am heißen Felsen auf das äußerste erhitzt werden, zieht den Steinbrechern einen frühen Tod zu. Die meisten sterben zwischen 30 und 40 Jahren.«

Schauen wir uns die Arbeit in einem früheren Steinbruch näher an: Zuerst wurde die Felswand »hohl« gemacht, das heißt, mehrere Jahre lang bis 15 Meter tief unterhöhlt und durch Stützen gehalten. Oftmals knirschte und donnerte es im Berg, doch die Hohlmacher lachten über ängstliche Steinbrecher: »Na, ihr Memmen, scheißt nurr ni glei vurr Angst in die Hosen! Die Wand kimmt itz lang noa ni! Itz fängt si arscht mit uns oan zi räden.«

War die Wand ausreichend unterhöhlt, verbrannte man die Stützen. Dann »kam« die Wand: »Es ist ein großartiges Schauspiel, ... wenn unter Herumstieben von Kies und Funken eine Wand herniedergeht, wenn unter ... Donnern und Krachen das zusammenstürzt, was Jahrtausende gestanden hat.«

Heute wird im Steinbruch gesprengt, die Gefahren für die Arbeiter sind geringer. Doch schwer ist die Arbeit geblieben.

Was sächsische Burgen und Schlösser erzählen können

Rehwild

Muffelwild

Damwild

Schloß Moritzburg

Rotwild

Sachsen ist reich an Burgen und Schlössern. Auf steilen Felsenklippen recken sich die Mauern und Türme wehrhafter Burgen hoch empor. In anmutigen Landschaften und reizvollen Parks laden geheimnisvolle Schlösser zum Besuch ein. Sie alle könnten Geschichten aus vergangenen Zeiten erzählen:
Von hier zogen Ritter zu ihren Beutezügen aus, auf ihnen planten Fürsten Kriege und schlossen Frieden. In ihren Mauern feierte man rauschende Feste.
Glanzvolle Feiern sah auch das Jagdschloß Moritzburg bei Dresden, das August der Starke auf einer Insel inmitten künstlicher Seen anlegen ließ. Eigens aus Holland herbeigeholte Matrosen steuerten prächtige Schiffe über die Teiche, auf denen sich die Hofgesellschaft bei Feuerwerk und »Seeschlachten« belustigte.
In einem Saal des Schlosses befinden sich über 60 prächtige Rothirschgeweihe, die von einer Lieblingsbeschäftigung der sächsischen Fürsten künden, der Jagd.
In Hetzjagden wurde Rot- und Schwarzwild zur Strecke gebracht. Mit Lärm und Getöse trieben Jägerburschen, Fußknechte und Treiber mit großen Hundemeuten das Wild den hohen Herren zu, die es dann mühelos mit dem Sauspieß oder mit der Jagdbüchse erlegen konnten.
Unter dem Kurfürsten Georg I. fanden in vierzig Jahren etwa 2000 Jagden statt. Dabei wurden unter anderem 110 960 Stück Rotwild erlegt. August der Starke ließ 1719 eine Wasserjagd abhalten, bei der das Wild aus Kammern (Wildgehegen) in die Elbe getrieben und vom Ufer aus abgeschossen wurde.
Die Festung Königstein in der Sächsischen Schweiz mit ihren 50 Meter hohen Mauern wurde auf einem 361 Meter hohen Tafelberg errichtet. Sie gewährte dem sächsischen Königshaus samt seinen Schätzen Zuflucht vor feindlichen Heerscharen. Aber auch viele Gefangene wurden in der »Kellerey« der Festung eingesperrt.

Mittelalterliches Tretrad

Festung Königstein

Brunnen

Der berühmteste unter ihnen war Johann Friedrich Böttger, der später das europäische Porzellan erfand. Er wurde gefangen gehalten, weil er im Verdacht stand, Gold machen zu können – eine Kunst, die dem König hätte sehr nützlich sein können.

Eine besondere Sehenswürdigkeit der Festung ist der Brunnen. In sechs Jahren trieben ihn Bergleute mit Schlägel (Bergmannshammer) und Meißel in den Sandstein. Der 3,5 Meter weite Schacht erreicht eine Tiefe von 152,5 Metern. In der Tiefe sammelt sich klares Quellwasser, das anfangs in großen Kübeln mit einem Tretrad an die Oberfläche gebracht wurde. Vier Männer mußten in das Tretrad steigen, um die gefüllten, 200 Kilogramm schweren Schöpftonnen mehrmals täglich an die Oberfläche zu heben. Das war eine sehr anstrengende Arbeit, denn jeder von ihnen tat jeden Tag 28 000 Schritte.

Um das Wasser vor Verunreinigungen zu schützen, baute man ein Brunnenhaus. Lange hatte es gedauert, aber schließlich konnte der technische Fortschritt auch um das Königsteiner Brunnenhaus keinen Bogen mehr machen. In der zweiten Hälfte des 19. Jahrhunderts löste eine Dampfmaschine die Treträder ab, später arbeitete dafür ein Elektromotor.

Heute versorgen Wasserleitungen die hochgelegene Festung mit Wasser.

Der Königstein könnte noch viel mehr erzählen:

Von einem Riesenfaß, das seinen Bau dem Wettstreit zweier Fürsten verdankte und in das nur einmal 250 000 Liter Wein gefüllt wurden;

von einem Schornsteinfeger, der über die steilen hohen Mauern in die Festung eindrang, die als uneinnehmbar galt, und dafür 14 Tage Arrest erhielt;

von einem Knaben, der hoch oben auf einem schmalen Mauervorsprung der Festung schlief, und vielem anderen.

Noch mehr darüber könnt ihr erfahren, wenn ihr die Festung selbst besucht.

DIE KREUZKIRCHE IN DRESDEN, DIE SPERLINGE UND DER CHURFÜRST

In einer alten Chronik lesen wir eine interessante Geschichte über die am Altmarkt stehende Kreuzkirche. Sie ist die Heimat des berühmten Dresdner Kreuzchores, in dem nur Jungen singen.

Ein Prediger beschwerte sich, daß »sich die Sperlinge in großer Anzahl in der Creuzkirche eingenistet, und ihm während der Predigt mit ihrem Geschrey zuwider gewesen. Sobald der Churfürst August dieses erfahren, habe er sogleich ... (einen) Befehl abfassen lassen«.

In dem Befehl stellte er fest, daß der Prediger »wegen des unaufhörlichen verdrießlichen großen Geschreys über die Sperlinge etwas heftik bewegt gewest«.

Er ordnete an, »dem kleinen geflögel durch manücherley ... listige Wege und Griffe nachzustellen« und es »ohne sonderlich Kosten auß der Kirchen zum Heiligen Creuz« zu bringen, damit »solche ergerliche Vogelerey und hinderlich Getzschirpe und Geschrey im Hause Gottes« hinfort unmöglich sei.

Dresdner Kreuzkirche

TIERE EROBERN DIE STADT

Schleiereule

Amsel

Die Sperlinge oder Spatzen waren also schon vor Jahrhunderten in Sachsens Städten die »Gassenjungen« unter den Vögeln. Meist treten sie in Scharen auf und tschilpen laut, wie es scheint, immer in Aufregung. Sie ernähren sich vorwiegend von Sämereien und bauen ihre Nester in Häusernischen, unter Dächern, ja sogar in den Buchstaben der Leuchtreklamen.
Wie diese Tiere haben sich viele andere dem Stadtleben angepaßt. Wenn früh am Morgen eine Amsel mit ihrem flötenden Gesang die Städter aus dem Schlaf weckt, so denken die meisten Menschen sicher nicht daran, daß sie früher eigentlich ein Waldvogel war. Heute ist die Amsel einer der häufigsten Vögel in den Städten und aus deren Bild nicht mehr wegzudenken.
In Parkanlagen sind mit etwas Glück sogar der Waldkauz und die Schleiereule zu entdecken, wenn sie in der Dämmerung vor allem nach Mäusen jagen. Auch der Grünspecht ist zu beobachten, besonders gut im Winterhalbjahr. Oftmals sucht er am Boden nach Futter. Ameisen sind nämlich seine Lieblingsspeise.
Um die hohen Türme der Kirchen und Rathäuser kreisen die Turmfalken.
Nicht nur in der Luft, auch auf dem Boden eroberten sich viele Tiere die Stadt. In Parkanlagen treffen wir die munteren rotbraunen Eichhörnchen mit ihren buschigen Schwänzen. Die im Vergleich zum Feldhasen kurzohrigen grauen Wildkaninchen wagen sich scheinbar ohne Angst bis an stark befahrene Autostraßen heran.
Weit verbreitet ist der weißkehlige graubraune Steinmarder, der in der Stadt den Tauben und Ratten nachstellt, aber auch Vögel, Insekten und sogar Kaninchen jagt. Seine Jungen zieht er gern in Dachböden auf. In den Neubaugebieten sehen ihn vor allem die Autofahrer sehr ungern, denn er macht ihnen das Leben oder besser, das Fahren schwer. Nachts klettert er in den warmen Motorraum der Autos und knabbert mit besonderer Vorliebe Kabel an.
Damit setzt er die Fahrzeuge außer Betrieb.

Eichhörnchen

Grünspecht

Wildkaninchen

Waldkauz

Ein Garten im Wald

Unweit Dresdens liegt am Rand eines großen Waldgebietes das kleine Städtchen Tharandt.

Hier trifft man viele junge Leute in grünen Uniformen. 1811 gründete der Forstmann Heinrich Cotta im Auftrag der sächsischen Landesregierung in Tharandt eine Forstlehranstalt, denn schon damals wurde erkannt, daß mit dem Wald schonend umzugehen ist. Später nannte man die Forstlehranstalt »Königlich Sächsische Forstakademie«, heute gehört sie zur Technischen Universität Dresden.

Bereits 1811 wurde in der Nähe Tharandts ein »Forstgarten« angelegt; heute heißt er »Forstbotanischer Garten«, ist 18 Hektar groß und einer der ältesten der Welt. Vor allem dient er den Forststudenten zum Studium der Pflanzen, inzwischen aber ist er so berühmt geworden, daß aus aller Welt zahlreiche Gäste kommen, um ihn zu besuchen.

Wer alle Wege dieses Gartens entlanggehen will, muß sich auf eine 10 Kilometer lange Wegstrecke einstellen. Rund 2000 Gehölzarten können Besucher kennenlernen oder auch studieren. Viele Pflanzen sind nach dem Gebiet ihrer Herkunft geordnet. So gibt es nordamerikanische, kaukasische oder auch ostasiatische Pflanzenquartiere. Alle Bäume und Sträucher tragen kleine Schilder mit Namen, auf verschiedenen Lehrpfaden erfahren Besucher etwas über die Besonderheiten und den Nutzen der Pflanzen.

Im Garten finden seltene oder gefährdete Gehölze ein sicheres Zuhause. Über 500 interessante Laub- und Nadelgehölze zieht man jährlich in der kleinen Baumschule heran. Forstwissenschaftler untersuchen, wie die Gehölze verwendet werden können, was die Pflanzen zum Leben brauchen und was sie am meisten gefährdet. Sie wollen Bäume züchten, die Schadstoffen trotzen und in stark geschädigten Wäldern angepflanzt werden könnten.

In alle Welt wird Saatgut verschickt, darunter Fichtensamen. Zapfenpflücker ernten sie, indem sie mit Steigeisen bis zu 25 Meter hohe Bäume erklimmen.

Wie eine Perücke zur Erfindung des weißen Goldes führte

Bevor die Elbe Meißen, die Wiege Sachsens, erreicht, muß sie ein 4 Kilometer langes und 1 Kilometer breites Engtal durchfließen.

Doch dann erblickt man auf einem 45 Meter hohen Felsen die Albrechtsburg und den Dom mit seinen hochaufragenden Türmen.

930 ließ Heinrich I. hier »die Bäum und Streuch ausroden, gleich ebenen und ein wohl verwahret fest Schloß ... bauen«.

Die heutige Burg wurde von 1471 bis 1483 errichtet und diente den sächsischen Markgrafen, den Wettinern, lange Zeit als Residenz. Der Burg zu Füßen liegt die Stadt Meißen, die vor allem durch die Porzellanmanufaktur, zunächst in der Albrechtsburg, später im Triebischtal, weltbekannt wurde. Das Triebischtal ist ein Seitental der Elbe.

Ihre Entstehung verdankt die Manufaktur vor allem dem Berliner Apothekerlehrling Johann Friedrich Böttger und dem Sachsenkönig August dem Starken.

Böttger sollte Gold herstellen und erfand das Porzellan. Zunächst war es ein braunrotes Porzellan, das man später Böttger-Steinzeug nannte. August der Starke sammelte wertvolles Porzellan und wollte sogar ein Schloß ganz aus Porzellan erbauen lassen. Er hoffte, daß es Böttger gelingen möge, weißes Porzellan herzustellen.

Doch noch fehlte der geeignete Rohstoff. Da half der Zufall. Eines Tages sah er, wie sich ein vornehmer Herr mit seiner großen Lockenperücke ruckartig bewegte. Dabei flog der weiße Perückenpuder im Raum umher. Dieser Puder wurde aus einer weißen Tonerde (Kaolin) gewonnen. Nun kam Böttger die rettende Idee.

Bald gelang es ihm, als erster in Europa mit Hilfe von Kaolin weißes Porzellan herzustellen.

Elbabwärts von Meißen bis Torgau

Nachdem die Elbe Meißen verlassen hat, durchfließt sie eine Tiefebene.

Linkselbisch finden wir eines der fruchtbarsten Landwirtschaftsgebiete Sachsens, die Lommatzscher Pflege. Bereits im Mittelalter rodeten die Bauern den Urwald und betrieben auf dem ertragreichen Boden Landwirtschaft. Getreidefelder und Obstbäume, besonders Pflaumen, prägen das Gesicht dieses Gebietes.

Trappe

Weiter elbabwärts gelangt man nach Riesa. Hier kreuzen sich Eisenbahnlinien, die von Dresden nach Leipzig und von Chemnitz nach Berlin führen. Einst war Riesa ein Standort der Stahlindustrie.

Nordöstlich von Riesa liegt bei dem kleinen Ort Zeithain ein großer Truppenübungsplatz. August der Starke veranstaltete hier einmal ein großes Manöver mit 30 000 Soldaten, um damit seinen Reichtum und seine Macht zu zeigen. Für die Gäste, unter ihnen der König von Preußen, ließ er nicht nur prachtvolle Zelte errichten, sondern sogar ein Opernhaus.

Zu den Großartigkeiten dieses Lagers gehörte auch der Riesenkuchen. Er wog 40 Zentner (= 2000 kg) und mußte von 100 Personen in den extra dafür errichteten Ofen geschoben und wieder herausgeholt werden. Bei einem Abschiedsfest verspeisten die Soldaten 80 Ochsen.

Für die Manöver mußten die Bauern wochenlang Fuhrdienste leisten und konnten sich nicht um ihre Felder und ihr Vieh kümmern.

Doch nicht nur sie waren die Leidtragenden, sondern auch die Tierwelt. So vertrieb man durch die militärischen Übungen zum Beispiel die scheue, bis zu 130 Zentimeter große Trappe, die früher in diesem Gebiet heimisch war. Sie ist einer der schwersten flugfähigen Vögel.

Noch heute künden Sandsteinsäulen von der Größe dieses Manövergebietes.

Bevor die Elbe Sachsen verläßt, berührt sie Torgau. Weithin ist Schloß Hartenfels zu sehen. Dieses Schloß war im 16./17. Jahrhundert eine Nebenresidenz der Wettiner und gehörte zeitweise den Preußen, die es zur Festung ausbauten.

Lommatzscher Pflege

Das Torgauer Renaissanceschloß Hartenfels

Wo die Wälder heimlich rauschen

Borkenkäfer

In Sachsen wuchs im frühen Mittelalter fast überall Wald. Siedler rodeten den größten Teil dieses Waldes, um sich Flächen für den Ackerbau anzulegen. Am Ende des Mittelalters begann die maschinelle Produktion. Sie verbrauchte viel Holz: als Brennholz, als Bauholz, für die Herstellung von Papier und Zellstoff, Eisenbahnschwellen, Telegraphenstangen und anderem. Holz wurde knapp. In den letzten Jahrhunderten verschwanden die natürlichen Laub- und Mischwälder fast völlig, große Kahlflächen breiteten sich aus. Nun pflanzte man vorwiegend Fichten. Doch Schnee, Sturm, Schädlinge und Industrieabgase gefährden diese Bäume besonders.

Jetzt bemühen sich Sachsens Forstleute, einen gemischten Wald zu entwickeln. Ein gesunder Wald gibt dem Boden Halt. Er hält das Wasser im Boden, langsam gibt er es wieder an die Luft ab. So verhindert er Überschwemmungen. Wald sorgt für saubere Luft, dämpft Lärm, ist vielen Tieren eine Heimat und dient der Erholung. Die Menschen gewinnen aus ihm Holz, vielen von ihnen bietet er Arbeit.

Dem Wald wird viel geschadet. Abgase von Fabriken und Autos machen Bäume krank. Borkenkäfer zerfressen sie von innen, und das Rot- und Rehwild verbeißt deren Rinde und die jungen Triebe.

Da in Sachsens Wäldern zu viel Wild lebte, wurde es in letzter Zeit stark gejagt. Allein 1991 und 1992 erlegten Jäger 5800 Hirsche und 21500 Rehe. Zu den jagdbaren Tieren gehören auch das Dam- und das Muffelwild. Den Damhirsch kennzeichnen ein schaufelförmiges Geweih und weiße Flecken auf dem Fell. Muffelwidder tragen dicke, in einem Ring nach hinten gebogene Hörner. Auch Wildschweine dürfen sich nicht zu stark vermehren, denn die »Schwarzkittel« richten vor allem auf Feldern oft großen Schaden an.

Aufmerksame Wanderer könnten sicher noch mehr vom Wald erzählen: von Pilzen, Beeren, Spinnen und Käfern, von Waldvögeln und dem Rotfuchs. Ihn beobachten die Förster besonders, weil er die gefürchtete Krankheit Tollwut übertragen kann.

Fuchs

Mufflon

Damhirsch

Wildschwein

Der Auewald bei Leipzig

Star

Igel

Zwischen Schkeuditz und Markkleeberg erstreckt sich entlang der Pleiße und der Weißen Elster eines der beliebtesten Erholungsgebiete der Messestadt Leipzig, der Auewald. Viele Wanderwege durchziehen das ungefähr 25 Kilometer lange und 2 Kilometer breite parkähnliche Waldgebiet, zu dem im Süden das Naturschutzgebiet Elster-Pleiße-Auewald gehört. Früher war das Gebiet oft überschwemmt, deshalb sind noch heute Tümpel und Wasserlöcher zu finden. Hier leben der bräunliche Grasfrosch, der so bekannte grünliche Teichfrosch und der etwa 7 Zentimeter lange Moorfrosch. Dessen Körper zeigt einen hellen Rükkenstreifen. Erdkröten gibt es, die durch ihren erdfarbenen Körper gut getarnt sind, Ringelnattern mit schuppiger Haut, die sie während des Wachstums des öfteren abstreifen, und Eidechsen.

Der Wald aus Eichen, Buchen, Ahorn, aber auch Eschen und Ulmen bietet über 50 Vogelarten Unterschlupf. Am häufigsten ist der Star mit seinem schwarzen, blaugrün schillernden, weißgefleckten Federkleid zu beobachten. Im Gegensatz zu anderen Vogelarten, die am Boden hüpfen, schreitet der Star. Er brütet in Baumhöhlen und ahmt Töne und Geräusche nach – ein Vogel, der pfeift, knarrt und quietscht. Meisen und Finken sind oft zu sehen und zu hören. Während die scheuen Rehe ihre Verstecke am Tage selten verlassen, hoppeln die neugierigen Wildkaninchen häufig über den Weg.

Zu den Bewohnern dieses Gebietes gehört auch der Igel. Er ist in den meisten Parks und Gärten zu finden und ernährt sich von Früchten, Käfern und jungen Mäusen. Leider werden diese possierlichen und nützlichen Stacheltiere häufig zu Verkehrsopfern auf Landstraßen und Autobahnen.

Früchte und Blätter von Bäumen

Ringelnatter

Moorfrosch

Schildbürger im Leipziger Land

Wenn Menschen etwas Ungeschicktes tun oder einfältige Streiche begehen, spricht man oft von Schildbürgerstreichen. Die Schildbürger lebten in der Stadt Schilda (heute Gneisenaustadt Schildau) im Leipziger Land. Kaum zu glauben – sie sollen solche tölpelhaften Streiche verübt haben? Sagt man von den Sachsen nicht, sie sind helle?

Wie die Schildbürger ihr Rathaus bauten

Eines Tages beschlossen die Bürger von Schilda, sich ein neues Rathaus zu bauen. Aus dem Wald, der hinter einem hohen Berg lag, holten sie sich Baumstämme als Bauholz. Mühevoll schleppten sie ächzend und keuchend die schweren Stämme auf der einen Seite des Berges hinauf und auf der anderen hinunter. Ausgerechnet der letzte Stamm aber glitt ihnen aus den Händen und rollte ganz allein den Berg hinab ...

Da merkten auch die Schildbürger, daß sie sich die Arbeit hätten erleichtern können. Also schleppten sie die Stämme alle wieder den Berg hinauf und ließen sie freudig hinabrollen. Mächtig stolz waren sie auf sich, daß sie einen so ausgezeichneten Einfall hatten.

Bei ihrem dreieckigen Rathausbau vergaßen die Schildbürger die Fenster. Damit Licht ins Rathaus käme, deckten sie das Dach ab. Doch als es regnete, wurden alle darin naß.

Man riet ihnen, aufs neue ein Dach auf das Rathaus zu bauen. Da war es im Haus wieder finster. Im Winter qualmte der Ofen im Rathaus so stark, daß sie ihn vor die Tür stellten. Der Qualm war weg, aber ...

Die Geschichte läßt sich noch lange fortsetzen. Doch wir setzen uns lieber in Zürners Kutsche und fahren nach Süden.

Im Land der Vögte

Sperber

Mäusebussard

Das sächsische Vogtland im Winkel zwischen Thüringer Wald, Fichtelgebirge und Erzgebirge, das früher kaiserliche Vögte verwalteten, wird als Durchgangsland bezeichnet. Wie in einen Trichter führen viele Verkehrswege in das Vogtland und verbinden Sachsen mit Bayern, zum Beispiel mit solchen Städten wie Nürnberg und München.

Fahren wir von Reichenbach mit der Eisenbahn nach Süden in Richtung Plauen, begegnen wir unterwegs neben einigen ihrer kleineren »Schwestern« einem Meisterwerk der Baukunst.

»Die Form ist plump, die Verhältnisse sind ohne Harmonie.« So äußerte sich einst ein Kritiker über eine der ältesten und schönsten Eisenbahnbrücken in Deutschland, die sich über das Tal der Göltzsch wölbt. Fast 150 Jahre ist sie alt, die Göltzschtalbrücke. Errichtet wurde sie von 1846 bis 1851 nach den Plänen von Andreas Schubert, dem Erbauer der »Saxonia«, der ersten deutschen Lokomotive auf der Strecke Dresden-Leipzig.

Die Göltzschtalbrücke ist 574 Meter lang und 78 Meter hoch. Aus 28 Millionen Ziegeln bestehen die 4 Etagen mit ihren 81 Bögen.

Sie überspannt ein Tal, das einst die fließenden Wasser der Göltzsch geschaffen haben. Auf der flachen, aber engen Talsohle breiten sich saftige Wiesen aus, die Talhänge sind waldbedeckt. Von hier aus starten die Greifvögel wie Mäusebussard und Sperber und ziehen auf der Suche nach Beute am Himmel ihre Kreise. Während der Mäusebussard, auf der Stelle »rüttelnd«, nach Mäusen, Jungvögeln, Eidechsen, Fröschen, auch Insekten späht, um sie herabstürzend zu schlagen, lauert der Sperber im Hinterhalt auf Vögel, um sich dann im blitzschnellen Flug auf sie zu stürzen.

Göltzschtalbrücke im Bau

Das Vogtland ist nicht nur ein Durchgangsland. Alljährlich kommen seit 1848 viele Kurgäste nach Bad Elster und Bad Brambach, um das heilkräftige Quellwasser zu trinken oder in ihm zu baden. Unter ihnen waren im Jahre 1854 »Ihre Königliche Hoheit, die Kronprinzessin von Sachsen« und im Jahr 1898 König Albert von Sachsen höchstpersönlich.
Bereits in der Mitte des 17. Jahrhunderts hatte der Plauener »Physikus und Medikus« Georg Leistner als erster einen »kurtzen Bericht des Elster-Säuerlings, allen Patienten zu Nutz, aufgesetzt«.
Schon damals müssen kranke Menschen vom Quellwasser Heilung erwartet haben, denn, so schrieb der brave Mann, die Leute haben »wie die Kühe gesoffen«.
Zum Glück sind die Quellen sehr ergiebig. Manche liefert in der Stunde bis 8000 Liter Wasser.
Hier im Vogtland ist die Erde noch nicht zur Ruhe gekommen. Warme Quellen, aber auch leichte Erdbeben deuten darauf hin.
In der Weißen Elster fanden Fischer noch um die Jahrhundertwende eine besondere »Kostbarkeit«, die Perlmuschel. Gerät ein kleines Sandkorn in eine solche Muschel, versucht sie, das störende Korn unschädlich zu machen, indem sie es immer wieder mit einer Schleimschicht überzieht. Allmählich verhärten diese Schichten – eine Perle entsteht.
In guten Jahren wurden über 100 dieser kostbaren Perlen gefunden. Noch heute ist im Grünen Gewölbe, der Schatzsammlung der sächsischen Herrscher in Dresden, eine aus Flußperlen gefertigte Kette zu bewundern. Als durch die Menschen die Flüsse jedoch immer mehr verschmutzten, starben die Muscheln in den sächsischen Flüssen rasch aus.

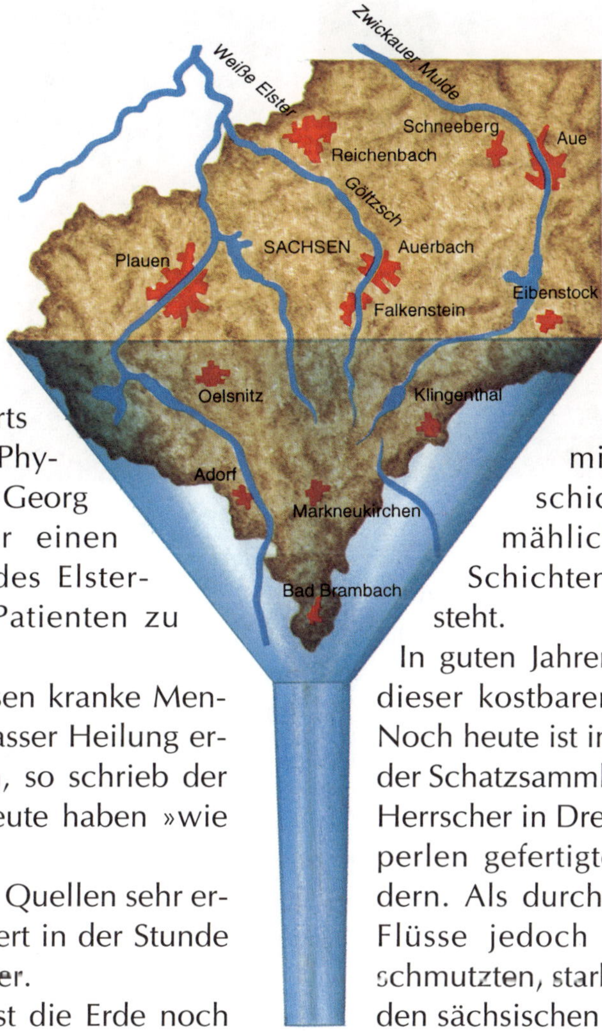

Bad Elster

Flußperlmuschel

Dreimal Mulde?

Freiberger Mulde mit Schloß Rochlitz

Zwickauer Mulde mit Rochsburg

Ja, im Muldenland gibt es drei »Mulden«. Zunächst heißt so ein Nebenfluß der Elbe. Diese Mulde wird gespeist aus zwei weiteren Mulden, die das mittlere Sachsen wie Adern durchziehen. Beide Flüsse sind nach den Städten benannt, durch die beziehungsweise an denen sie vorbeifließen: im Westen die Zwickauer Mulde und östlich davon die Freiberger Mulde.
Zwischen beiden Flüssen liegt das Erzgebirgische Becken, das Höhen zwischen 200 und 400 Metern erreicht. Beide Mulden fließen durch reizvolle Täler. Stellenweise schnitten sich die Flüsse über eine lange Zeit in das Land ein, über tiefen Schluchten erheben sich dort heute steile Felsklippen. Die Menschen errichteten auf ihnen wehrhafte Burgen. Tief unten schießt das Wasser über Steine und Felsblöcke, dazwischen blinken die Schuppen flinker Fische, und dicht über dem Wasser schwirren farbenprächtige Libellen.
Andere Abschnitte der Muldentäler sind flach und muldenförmig. Dort, wo die Menschen die Ufer nicht mit Steinen und Beton eingefaßt haben, tummeln sich Enten und andere Wasservögel.
Die Schönheit der Muldentäler hat es sogar Technikern angetan. Die Maschinenfabrik Hartmann in Chemnitz nannte eine ihrer im Jahre 1861 gebauten Lokomotiven »Muldenthal«.

Wie wird man der größte Sachse?

Diese Frage läßt sich einfach beantworten: Besteige den »König der sächsischen Berge«, und du kannst auf ganz Sachsen hinabschauen!

Es ist der Fichtelberg. Die Wissenschaftler bezeichnen ihn als Härtling, weil ihm ein harter, widerstandsfähiger »Helm« aus Glimmerschiefer, einem grauen, glitzernden, schuppigen Gestein, aufgesetzt ist. Er schützt den darunter liegenden grobkörnigen Gneis vor Verwitterung. Gneis sieht aus wie versteinerte Baumrinde mit hellen und dunklen Fasern.

Meist bedeckt den Fichtelberg noch ein »Helm«, nämlich einer aus Wolken. Er hält den Berg an etwa 283 Tagen im Jahr versteckt. Dann können wir natürlich in westlicher Richtung nicht das Fichtelgebirge und die Rhön sehen, im Norden nicht die Hohburger Berge bei Leipzig, auch nicht in östlicher Richtung den Weißen Berg bei Prag und den breiten Rücken des Erzgebirges.

An ungefähr 186 Tagen des Jahres setzt sich der Fichtelberg noch einen anderen, einen weißen »Helm« auf. Von November bis März zeigt das Thermometer hier Minusgrade, eine Schneedecke umhüllt dann seinen Gipfel. Für die Bewohner der Hänge kann nun eine schwere Zeit anbrechen. Nicht selten fällt innerhalb weniger Stunden so viel Schnee, daß die Straßen unpassierbar sind und die Häuser bis weit über die Fenster im Erdgeschoß zugeschneit werden. Mit Schaufeln graben sich die Menschen Tunnel durch die Schneemassen, um ihre Häuser verlassen zu können.

Groß ist die Freude bei den Wintersportlern, die es Jahr für Jahr zum Fichtelberg zieht. Sie bevölkern die Langlaufloipen, die Abfahrtspisten und die Sprungschanzen. Mit der Seilbahn fahren sie auf den Gipfel, und besonders Wagemutige sausen unter ihr den steilen Hang hinab.

Seinen Namen hat der »König der Berge« in Sachsen von den »Fichteln«, den Zwergkiefern. Sie trotzen, krumm und schief wachsend, den scharfen Stürmen, den heftigen Regenfällen und der Last der Schneedecke. Allerdings, die größten Sachsen werden sie wohl nie werden.

Fichtelberg

Oberwiesenthaler Seilbahn

Arzgebirg, wie biste schie – von Menschen und Tieren

Pultscholle

Wissenschaftler bezeichnen das Erzgebirge als Kipp- oder Pultscholle.
Natürlich hat kein Riese das Gebirge schräg gekippt! Gewaltige Bewegungen im Erdinneren zerbrachen die feste Erdkruste in große Schollen. Eine von ihnen – das heutige Erzgebirge – wurde angehoben und schräg gestellt. Das geschah zur gleichen Zeit, in der auch die Alpen entstanden.

In den Spalten zwischen den Bruchschollen drang glühender, zähflüssiger Gesteinsbrei nach oben, der allmählich erkaltete und sehr widerstandsfähige Gesteine bildete. Berge, die den Erzgebirgskamm noch heute überragen, wie der Geising im Osterzgebirge, der Scheibenberg bei Annaberg-Buchholz oder der Aschberg bei Klingenthal im Vogtland, bestehen aus solchen Gesteinen.

Ein alter Spruch sagt:
»Dem ersten den Tod,
dem zweiten die Not,
dem dritten das Brot.«

So mag es vielen der Siedler ergangen sein, die als erste in den dunklen, fast undurchdringlichen Urwald des Erzgebirges eindrangen.
Das an eine Wanne erinnernde Elbtal besiedelten zuerst slawische Stämme (große Menschengruppen). Dort fanden sie angenehme Temperaturen und sehr fruchtbares Land.
Sie bauten Getreide an und züchteten Vieh und sogar Bienen.
Vom Elbtal aus wagten sich die Siedler in die engen Täler des Erzgebirges, um Tiere zu jagen. Das war nicht ungefährlich, denn damals lebten neben Hirschen und Rehen auch Wölfe, Bären und kräftige Wildschweine in den Wäldern. Sie konnten die Jäger schon in Bedrängnis bringen. So manches Mal wurden auch Dorfbewohner in Angst und Schrekken versetzt, wenn hungrige Wolfsrudel im Winter in die Dörfer einfielen und das Vieh rissen. Bären plünderten des öfteren die Bienenstöcke und Vorratshäuser.

Geising

Wolf

Bär

Die dichten Urwälder boten damals noch zwei schwergewichtigen Wildrindarten Lebensraum, dem Ur (früher auch als Auerochse bezeichnet) und dem Wisent. Während der Ur hier bereits um die Jahrtausendwende ausstarb, überlebte der Wisent. Bis heute lebt er im Nachbarland Polen. In Wildparks, zum Beispiel an der Müritz in Mecklenburg-Vorpommern, wurde er erst wieder angesiedelt.

»Gefährliche« Tiere gibt es heute im Erzgebirge nicht mehr.

Vielleicht meint ihr, die Kreuzotter wäre gefährlich, denn immerhin kann ihr Gift einen Menschen töten. Deshalb fürchten sie viele Menschen. Wahr ist, die Kreuzotter zählt zu den einheimischen Schlangen. In Sachsen können wir ihr in den Gebirgen vom Vogtland über das Erzgebirge bis hin zum Zittauer Gebirge begegnen. Mit Vorliebe sonnt sie sich auf von der Sonne angewärmten Steinen, dann kann sie sich besonders flink bewegen. Doch sollten wir uns unvorsichtig nähern, verschwindet sie schnell im Heidekraut. Sie meidet uns lieber.

Viele Jahre lang wurden diese schön gezeichneten und nützlichen Schlangen gejagt; sogar Fangprämien zahlte man! Das nutzte nur den Feld- und Waldmäusen, denn sie vor allem dienen den Kreuzottern als Nahrung. Für Menschen stellen sie kaum eine Gefahr dar, es sei denn, sie werden aufgeschreckt, in die Enge getrieben oder gequält.

Kommt es doch einmal zu einem Biß, sollte die Stelle oberhalb abgebunden und rasch ein Arzt aufgesucht werden. Todesfälle hat es zum Glück in den vergangenen Jahrzehnten nicht mehr gegeben.

Wildschwein

Ur

Kreuzotter

Wisent

Hochwasserkatastrophe 1927 in Berggießhübel

Sägemühle

Viele Flüsse fließen aus dem Erzgebirge hinab ins Tiefland der Elbe. Sie bereiteten in der Vergangenheit den Menschen von Zeit zu Zeit großen Kummer. Wenn in den Bergen der Schnee schmolz, oder es tobten starke Gewitter, schwoll das Wasser in den Bächen und Flüssen in kurzer Zeit an und trat über die Ufer. Alles, was sich in den Talauen befand, rissen die wirbelnden Wassermassen mit sich.

An den Flüssen standen viele wasserbetriebene Sägemühlen, die wagemutige Flößer mit Baumstämmen aus dem Gebirge versorgten. Die Holzvorräte der Mühlen lagerten direkt über den Flüssen. Sie gerieten als erste in die gewaltigen Wasserströme. Die Baumstämme wurden weggerissen, sie wuchteten gegen die oft hölzernen Brücken, deren Stützpfeiler wie Streichhölzer einknickten und zersplitterten. Sogar Häuserwände durchschlugen die Stämme und richteten schwere Zerstörungen an. Tiere und Menschen ertranken. Das Wasser unterspülte Eisenbahngleise, so daß Züge entgleisten und umstürzten.

Das Osterzgebirge wurde mehrfach von Hochwasserkatastrophen heimgesucht. So tobten im Juni 1927 schwere Unwetter mit Wolkenbrüchen, die eine 4 Meter hohe Flutwelle auslösten. 144 Menschen fielen ihr zum Opfer. 30 Jahre zuvor hatte ein Hochwasser »an die hundert Personen ersäuft«. Ein Kind aber, das damals in seiner Wiege auf der Elbe von Königstein geschwommen kam, wurde in Pirna lebendig und unversehrt aufgefangen.

Um den schnellen Wasserabfluß bei starken Regenfällen und damit Hochwasserkatastrophen zu verhindern, errichteten die Menschen im Erzgebirge in harter Arbeit und mit viel Baumaterial hohe Staumauern und legten Talsperren an.

Das Anlegen von Talsperren ist sehr teuer und zugleich ein schwerer Eingriff in die Natur. Damit Bauleute die notwendigen Straßen, Eisenbahnlinien und Versorgungsleitungen verlegen können, müssen Wälder gerodet, ganze Dörfer abgerissen und die Menschen umgesiedelt werden.

Viele große Talsperren finden wir im Osterzgebirge, so bei Klingenberg an der Wilden Weißeritz, in Malter an der Roten Weißeritz und bei Gottleuba am gleichnamigen Fluß.

Aber auch in anderen Gebieten des Freistaates Sachsen entdecken wir Talsperren und Wasserspeicherbecken, so zum Beispiel bei Eibenstock, Sosa und Klingenthal. Im Vogtland liegt die Talsperre Pöhl. Im nördlichen Teil Sachsens glänzt der Wasserspiegel des Speicherbeckens bei Borna; im Osten breiten sich Stauseen aus, so zum Beispiel bei Bautzen und bei Niesky.

Speicherbecken und Talsperren dienen aber nicht nur dem Schutz vor gefährlichem Hochwasser, sondern auch zur Trinkwasserversorgung der Bevölkerung.

Auch Meeres- und Flußdeiche sollen die Menschen vor dem ansteigenden Wasser schützen, aber sie steigen flach an, während Staumauern meist steil aufragen.

Talsperre Neunzehnhain bei Lengefeld

Warum das so ist? Bei Hochwasser strömt mit den Flüssen das überschüssige Wasser in die großen Stauseen. Die Staumauern der Talsperren müssen dem gewaltigen Druck der weiter ansteigenden, aber »beruhigten« Wassermassen standhalten.

Anders bei den Deichen. Auf sie rollen kräftige Meereswellen zu und schlagen an das Ufer. Sie gleiten den flachen Hang der Deiche hinauf und »rollen aus«. Auf diese Weise können sie den Deich nicht aushöhlen, er bleibt lange Zeit ein recht sicherer Schutz.

Auch gegen die Hochwasserwellen der Flüsse sollen Deiche schützen.

Staumauer

Deich

Wie kommt das Riesenloch nach Altenberg?

Die Fläche ist so groß wie 15 Fußballfelder.

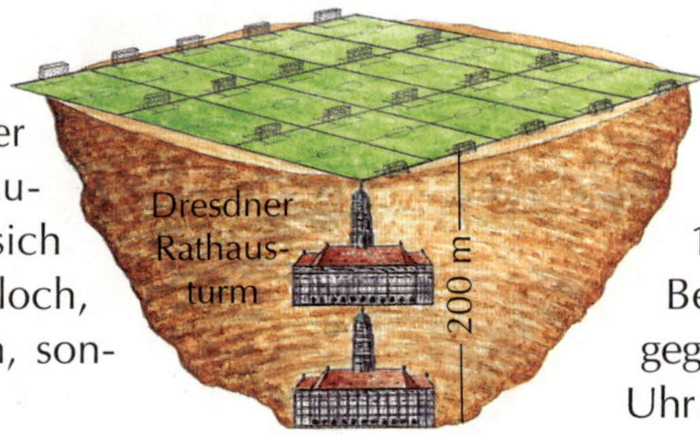

Altenberger Pinge

Kommen Besucher nach Altenberg, erfaßt viele mitten in der Stadt ein großes Staunen. Plötzlich öffnet sich vor ihnen ein Riesenloch, nein, kein Steinbruch, sondern eine »Pinge«.

Die Sage erzählt, daß ein Köhler beim Wegräumen seines Kohlenmeilers Zinnerz gefunden hätte. Bereits um 1440 betrieb man hier Zinnerzbergbau.

Bei Altenberg gab es 1576 124 Zechen, so die Graupenzeche, die Rote Grube, die Reiche Zeche, den Peptopf oder das Biermaul. Sie alle unterhöhlten den Berg, so daß er an einen Schweizer Käse erinnerte, denn um 10 Kilogramm Zinnerz zu gewinnen, mußte man 2 Kubikmeter Gestein herausschlagen. Allein im Altenberger Gebiet wurden mehr als 18 000 Tonnen Zinnerz gewonnen; daraus könnte ein Würfel mit einer Kantenlänge von 13,5 Metern geformt werden.

Bereits 1545 war ein Teil der Bergwerke eingebrochen. 1578, 1583 und 1619 kam es zu weiteren Einbrüchen: Es »ging allhier ein Gebürge in der Grube nieder, daß die Leute nicht anders gemeinet, es wäre ein Erdbeben«. In einer Winternacht des Jahres 1620 »ist unser liebes Bergwerk alles in Haufen gegangen«. Zwischen 4 und 5 Uhr stürzte ein weiteres gewaltiges Stück des Berges ein. Vier Bergleute wurden verschüttet, bis »... man am dritten Tage aus dem Rauche, welcher von dem von ihnen gemachten Feuere aufstieg, geurtheilet, wo sie etwa seyen möchten ... sie endlich auch gesund und unbeschädigt herausgebracht hat.«

Auch bei Geyer entstand 1803 durch Einbruch eine Pinge, die trichterförmige Vertiefung war 70 Meter tief, 200 Meter lang und 160 Meter breit. Vierhundert Jahre lang hatten die Bergleute den Berg ausgehöhlt, indem sie Gestein mit Feuer erhitzten, es anschließend mit kaltem Wasser übergossen und es somit mürbe machten.

Aus Zinn fertigte man früher Geschirr, Leuchter, Gefäße und anderes; später wurde es in der Elektroindustrie und für andere Produkte benötigt. Jetzt ist der Zinnerzbergbau in Altenberg eingestellt.

Die Häuserreihe befindet sich in unmittelbarer Nähe des Pingenrandes.

Ohne Arschleder ins Bergwerk?

Leuchter aus Zinn

Wen das harte Leben der Bergleute interessiert, der kann ein Schaubergwerk im Erzgebirge besichtigen. Grubenlampe und Arschleder brauchen die Besucher nicht. Schließlich gibt es fast überall elektrisches Licht – und auf dem Hosenboden, wie einst die Bergleute, müssen sie auch nicht durch das Bergwerk rutschen.

Im Altenberger Schaubergwerk erfahren wir Interessantes über den Zinnbergbau. So diente Zinn dazu, andere Metalle wie Eisen oder Kupfer zu überziehen und so haltbar zu machen. Wußtet ihr, daß dazu zum Beispiel Roggen gebraucht wurde? Aus ihm stellte man damals ein Mittel her, um die Oberfläche dieser Metalle zu säubern, damit das Zinn besser hielt.

In der Grube »Herkules Glück« bei Schwarzenberg lernen wir verschiedene Arten des Abbaus von Erzen kennen, so den Untertagebau oder den Tagebau. Studenten der Bergakademie Freiberg drücken in der Grube »Alte Elisabeth« bei Freiberg die Schulbank.

Auch über Tage zeugen Denkmale von der Technik in früheren Zeiten. Für das Schmieden, vor allem des kostbaren Silbers, sowie von Kupfer und Eisen, wurden Hammerwerke benötigt. Gut läßt sich das im Frohnauer Hammer beobachten. Seit Jahrhunderten blieb er unverändert erhalten.

Über ein Wasserrad bewegt sich ein dikker, hölzerner Balken (Welle) mit Vorsprüngen (Nocken). Die Nocken heben die Hammerstiele von drei Hämmern an, um sie dann mit großer Wucht auf die Ambosse niedersausen zu lassen. Der kleinste Hammer, er wiegt zwei Zentner, fällt in der Minute einhundertzwanzigmal herab. Ohrenbetäubender Lärm empfängt uns: Welle und Nocken knarren hölzern, das Wasser rauscht, die Blasebälge fauchen und die Hämmer krachen dröhnend hernieder.

Die Schmiede stellten Sensen, Pflugschare, Geschützteile und Silbertaler her. Sie waren meist sehr arm, während die Besitzer der Werke reich wurden.

Den Frohnauer Hammer findet man zwischen Schwarzenberg und Annaberg-Buchholz.

Gibt es im Hochmoor Gespenster?

Auch wenn wir nicht mehr an Gespenster glauben, hören wir doch gern alte Sagen und Geschichten über die Moore. Immer wieder wird von Irrlichtern und anderen gespenstischen Wesen erzählt, die einsame Wanderer in die schwarzen Moorlöcher locken. So sollen im Dreißigjährigen Krieg (1618 – 1648) mit Kriegsbeute beladene Reiter auf dem Weg über das Erzgebirge nach Böhmen in ein Moor geraten sein. Pferde und Wagen versanken mit Mann und Maus.

Im Naturschutzgebiet »Georgenfelder Hochmoor« im Osterzgebirge brauchen wir uns nicht zu fürchten. Über Bohlenpfade führt unser Weg, vorbei an einem undurchdringlichen grünen Dschungel ineinander verwachsener Moorkiefern. Die wetterharten Bäume haben gleich mehrere Namen:

Kussel (bis 1 Meter Höhe),
Latschen (bis 4 Meter Höhe),
Spirken (bis 5 Meter Höhe).

In der Kühle des Moores gedeihen eigentümliche Pflanzen, vor allem nordische Arten.

An »Schlenken« (Wasserrinnen) bedekken Moosbeeren mit rosafarbenen tütenförmigen Blüten, deren Blütenblätter sich wie zu einem »Turban« rollen, die Torfmoospolster. Über weiten Teilen des Moores wehen die weißen, wolligen Blütenköpfe des Wollgrases.

Eine merkwürdige Pflanze ist der Sonnentau. Er hat kreisrunde Blätter, die wie Rosetten auf dem Boden liegen und braunrote bewegliche Drüsenhaare tragen. Damit fängt er kleine Fliegen und Käfer. Winzige klebrige Tropfen, die wie Tau schimmern, locken sie an und werden zu einer tödlichen Falle. Die Tiere bleiben kleben, das Blatt krümmt sich über ihnen zusammen, und eine Flüssigkeit in den Tropfen zersetzt die Beute.

Interessant ist, wie Hochmoore entstehen: In Vertiefungen wasserundurchlässiger Erdschichten sammelt sich Wasser. Darin wachsen Pflanzen. Sterben sie ab, bildet sich aus ihnen im Wasser Torf, auf dem neue Pflanzen gedeihen. Auch der Filzteich bei Schneeberg entstand auf diese Weise.

Georgenfelder Hochmoor

Sachsens blühende Wiesen

Gebirgs-Hellerkraut

Krokuswiesen im Drebachtal

Wald-Goldstern

Märzbecherwiesen im Polenztal

Alljährlich, wenn die Schneeschmelze vorüber ist, zieht es viele Menschen zu einem Naturdenkmal, das seine Entstehung einem glücklichen Umstand verdankt.

Der medizinkundige Pfarrer David Rebentrost traf in der zweiten Hälfte des 17. Jahrhunderts auf einer Reise den sächsischen Kurfürsten, dessen Pferd lahmte. Es gelang ihm, das Tier zu heilen. Dafür durfte er sich aus dem Garten des Kurfürsten in Dresden drei Pflanzen aussuchen. Unter ihnen wählte Rebentrost einen Krokus, den er in seinem Pfarrhof im Erzgebirgsdorf Drebach südlich von Zschopau einpflanzte. Von hier aus verbreiteten sich die Krokusse weit über die Hänge des Drebachtals. In jedem Frühjahr bedeckt nun ein lila Teppich das Tal. Tausende dieser schönen Frühblüher erfreuen Jahr für Jahr zahlreiche Frühlingssucher und Wanderer.

Neben den Krokuswiesen im Drebachtal finden wir in Sachsen noch eine andere blühende Frühlingswiese. Im Elbsandsteingebirge, in der Nähe der Burg Hohnstein, zieht ein Naturschutzgebiet im Frühjahr ebenfalls die Besucher in Scharen an. Gelbweiß leuchten die Märzbecherwiesen an den Hängen des Polenztals. Sie erhielten ihren Namen nach dem wohlriechenden Märzbecher, der auch Frühlingsknotenblume genannt wird. Hier an der nördlichen Grenze seines Vorkommens bilden diese Wiesen das größte Wildvorkommen.

Auch der Wald-Goldstern mit seinen gelbgrünen Blüten und das seltene weißblühende Gebirgs-Hellerkraut sind hier zu finden.

Wie sah Karl Stülpner wirklich aus?

Im Jahre 1795 gab das Justizamt Wolkenstein einen Steckbrief heraus, der das Ergreifen des Wildschützen »Carl Heinrich Stülpner« ermöglichen sollte:

Er sei »mehr länger als kurzer Statur«, trägt »einen grünen Tuchrock,
ein dergleichen kurzes Jagdwestchen, schwarzledernes Koppel nebst Hirschfänger ..., auch eine Jagdtasche, Flinte oder Kugelbüchse und ein großes Messer«.

Karl Stülpner war Waldarbeiter, Soldat, Regimentsjäger und oft auf der Flucht vor den Soldatenwerbern der verschiedenen Fürsten in Deutschland. Schließlich wurde er Wildschütz.
Er schoß das Wild in den herrschaftlichen Wäldern, obwohl man es ihm strengstens verbot und ihn deswegen mit aller Macht verfolgte. Damit half er den Bauern, denn das zu zahlreiche Wild, das für die Jagd der Fürsten gehegt wurde, verwüstete ihnen die Felder.
Das Wildbret verschenkte er an die Armen in den Dörfern.
Nun, nach fast 200 Jahren, ist »Karl Stülpner« wieder aufgetaucht. Auf dem 890 Meter hohen Hirtstein in der Nähe der Gemeinde Satzung südlich von Marienberg trifft man ihn tagtäglich an, mit »Kräuterhannes«, dem »Lustigen Hans«, der »Weißen Frau« und mit »Mazzebille«. Doch was machen sie heute auf dem Kamm des Erzgebirges?
Schaut euch das Bild auf der nächsten Seite genau an, dann findet ihr es bestimmt heraus! Wetten, daß ...?
Die »Windmühlen« – von Fachleuten Windkonverter genannt – die hier im windreichsten Gebiet des Erzgebirges »sauberen« elektrischen Strom erzeugen, erhielten ihre Namen von Sagengestalten und vom Stülpner Karl.
Bei der Gewinnung von Elektroenergie aus Stein- oder Braunkohle entstehen schädliche Gase und große Mengen

Stülpner bei der Jagd

Windpark am Hirtstein

Asche. Nicht alle werden durch Filteranlagen zurückgehalten und gelangen so in die Umwelt. Auch wenn die Menschen zum Heizen oder Kochen Erdöl beziehungsweise Erdgas verwenden, entstehen dabei Stoffe, die der Umwelt schaden. Wir wissen auch: Wird Energie in Atomkraftwerken gewonnen, birgt das ebenfalls große Gefahren in sich. Deshalb suchen die Menschen nach anderen Wegen, um Elektroenergie zu gewinnen. Eine Möglichkeit bietet auch der Wind.

An den Küsten Deutschlands und auf hohen Bergen weht der Wind mit hoher Geschwindigkeit. Um diese Windkraft zu nutzen, werden an langen Masten Windmühlenflügel angebracht. Diese sind mit einem Generator verbunden, der ähnlich wie ein Fahrraddynamo elektrischen Strom erzeugt.

Oft stehen mehrere dieser Windkonverter nebeneinander. Das nennen die Fachleute dann einen Windpark.

Im Windpark des Erzgebirges hat sich das Aussehen »Karl Stülpners« und der anderen Gestalten sehr geändert. Aber auch heute noch erweisen sie sich als sehr menschenfreundlich und hilfsbereit.

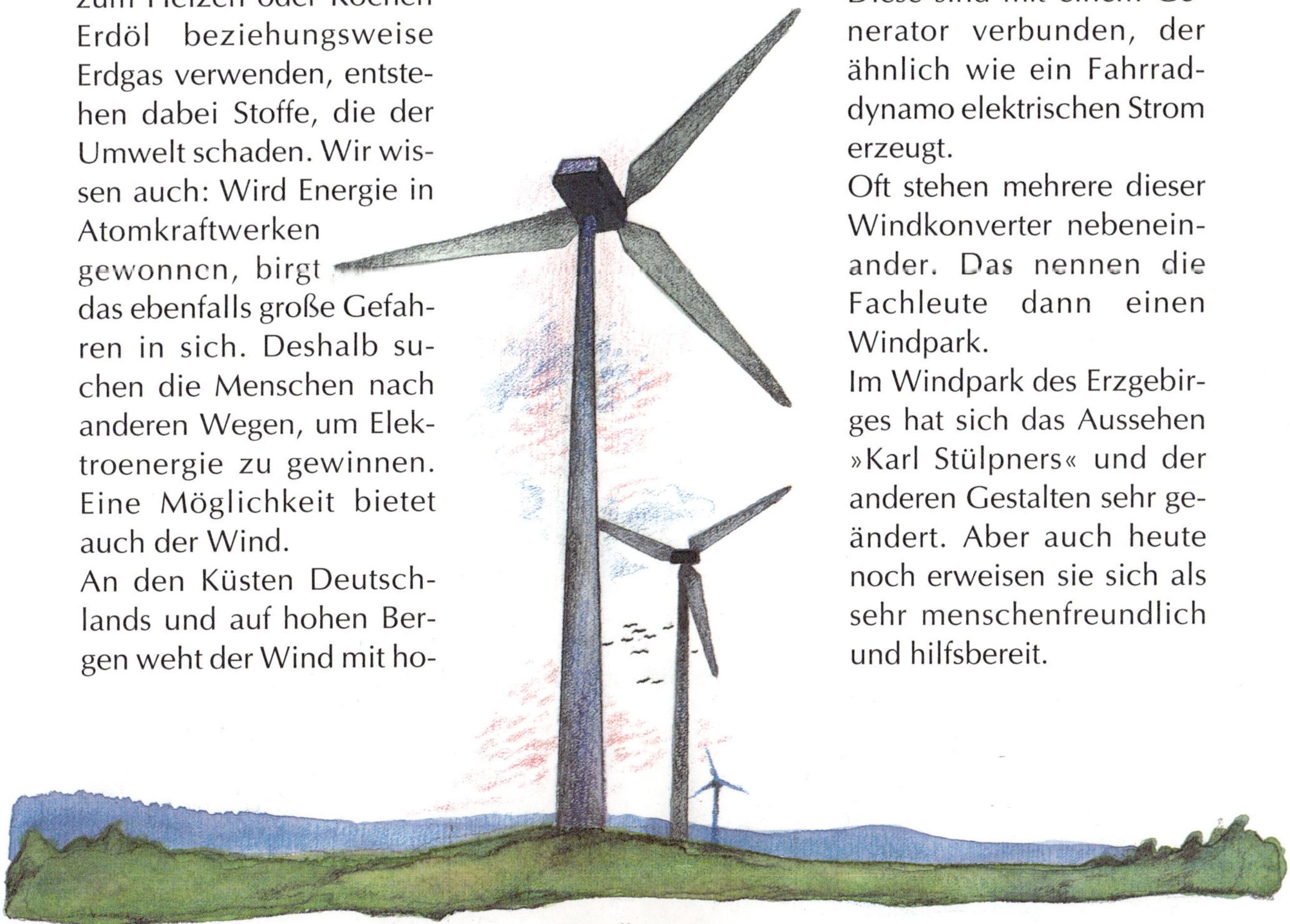

Windkonverter

Greifensteine – Naturdenkmal oder Riesenschloß?

Zwischen den alten Burgstädten Geyer, Thum und Ehrenfriedersdorf ragen sieben Felsen aus dem Boden hervor, als hätten Riesen im Spiel Block auf Block gefügt. Es sind die Greifensteine. Diese 20 bis 30 Meter hohen Granitklippen erscheinen aus der Ferne gesehen wie die Trümmer eines riesigen Schlosses. Lange stritten sich die Gelehrten, ob die Greifensteine jemals eine Burg getragen hatten.

Felsen im Greifensteingebiet

Im August 1683 bestieg ein Chronist die Felsen. Er fand »... Reste von altem Gemäuer ..., Eisenwerk, Pfeile, kurz, allerlei Spuren menschlicher Wohnung – oder die Reste der Burg Greifenstein?« Erst 1970 bewiesen Grabungen, daß die Greifensteine eine Burg getragen hatten.

An den Felsen wachsen verschiedene Moose und Farne. Die Besucher interessieren sich jedoch auch für die durch den Bergbau entstandenen Höhlen, die Ritter- und die Stülpnerhöhle. In dieser soll Karl Stülpner im Winter gewohnt haben.

Es verwundert nicht, wenn sich um die Greifensteine Sagen ranken.

Einmal, so erzählt man, wurde ein müder Wanderer in der Nähe der Greifensteine von einer kleinen Geistergestalt in eine Höhle aus purem Silber und Gold geführt, reichlich bewirtet und mit Gold und Edelsteinen beschenkt.

Ein anderes Mal hatten zwei Mädchen Streu für die Ziegen gesammelt. Dabei fanden sie am Wegesrand Strohhalme, die sie mit in ihre Säcke steckten. Zu Hause merkten sie, daß sich die Strohhalme in Goldketten verwandelt hatten.

Eine andere Sage berichtet von den Stadtmusikanten aus Geyer, die, von einem Konzert heimkehrend, an den Greifensteinen einige muntere Weisen spielten. Beim Weiterziehen fanden sie silberglänzendes Gestein und nahmen es mit. Es stellte sich heraus, daß es Silber war. Doch die Stadtmusikanten sollen alles vertrunken haben.

Die Drachenhöhle bei Syrau

»Plauener Spitze« ist sehr begehrt für schöne Kleidung und Gardinen.
Ganz andere Gardinen finden wir in der über 500 Meter langen Drachenhöhle bei Syrau. Viele Stufen steigen wir in die Unterwelt hinab, dann öffnet sich vor uns eine Märchenwelt. Von der Decke herab hängen zartgefaltete, durchscheinende steinerne Gardinen, neben ihnen unzählige Zapfen aus Stein. Sie entstehen durch kalkhaltiges Wasser, das von der Höhlendecke nach unten tropft und dabei immer geringe Mengen Kalkstein zurückläßt. Über Jahrhunderte bildeten sich Millimeter um Millimeter die wunderlichen Zapfen an der Decke, die Stalaktiten. Trifft der Tropfen auf dem Boden auf, läuft der Vorgang umgekehrt ab, Stalagmiten wachsen nach oben. Verbinden sich nach vielen Jahren beide miteinander, bilden sie zarte Säulen, die Stalagnaten. Auch kleine Zapfen sind schon mehrere hundert Jahre alt.
In der Höhle befinden sich der Große See und der Nixensee. Sie sind insgesamt 60 Meter lang und bis zu 16 Meter tief. Ihre Temperatur beträgt immer etwa 8 Grad Celsius.

Drachenhöhle bei Syrau

In dieser Höhle fand man auch Knochenreste von Rentieren und Mammuten. Forscher fanden heraus, daß Wassermassen sie hier vor langer Zeit einschwemmten. Aber den Drachen fand man nicht. Ihn gibt es nur in der Sage:
Vor vielen hundert Jahren hauste im Wald bei Syrau ein gar schreckliches Ungeheuer, das sich von Menschenfleisch ernährte. Da sich niemand mehr in die Nähe des Drachens wagte, drohte das Untier schlimme Folgen an, wenn es nicht täglich einen Menschen zum Fraße bekäme. In ihrer Not beschlossen die Syrauer, jeden Tag ein Opfer auszulosen. Als das Los auf Elsbeth, eine bildhübsche Bauerntochter, fiel, beschloß ihr Geliebter, mit einer Heugabel auf den Drachen loszugehen. Lange warteten alle auf seine Rückkehr. Schon wollten sie Elsbeth zum Drachen führen, da kam der Jüngling zurück. Er hatte den Drachen im Schlaf getötet und zog ihn nun stolz hinter sich her. Er bekam Elsbeth zur Frau – und wenn sie nicht gestorben sind ... .

SILBER-STRASSE

Die Sachsen lieben das Reisen sehr, doch empfangen sie auch gern Gäste und Touristen. Um möglichst viele von ihnen für einen Besuch ihres Landes zu gewinnen, entwickelte man »Touristenstraßen«. Reisen Gäste entlang dieser Straßen, finden sie am Wege viel Interessantes aus Vergangenheit und Gegenwart.

Die »Silberstraße« hat ihren Namen schon aus alter Zeit. Sie erinnert an den Silberbergbau in Sachsen. 24 Städte und Gemeinden lagen am Weg, auf dem das Silber zwischen Zwickau und Dresden transportiert wurde. Die meisten von ihnen erlangten Reichtum und konnten ihre Orte dadurch mit vielen Kostbarkeiten ausstatten. Es entstanden zahlreiche schöne Bürgerhäuser und kunstvoll gestaltete Kirchen mit klanggewaltigen Orgeln, vor allem solchen von dem berühmten Orgelbauer Gottfried Silbermann.

Um 1162 fand man bei Freiberg, Schneeberg und Annaberg Silber. Dessen Abbau war sehr schwierig. In Stollen, gerade so groß, daß ein einzelner mühevoll hindurchpaßte, hackten die Bergleute Gestein aus dem Felsen. Knaben mußten es in kleinen eisenbeschlagenen Holzwagen, den Hunten, zum Förderschacht schieben. Auf der »Scheidebank« sortierten wiederum Kinder das silberhaltige Gestein aus. In Pochwerken wurde es zermahlen und in der Wäsche endgültig in taubes Gestein und silberhaltiges Erz getrennt.

Aus diesem Erz schmolz man im Laufe der Jahre große Mengen Silber. Über die alten Bergstädte Schneeberg und Aue brachten Pferdefuhrwerke den größten Teil des Silbers nach Freiberg in die Münze. Dort prägte man daraus Taler für die Schatzkammern der sächsischen Fürsten. Diese ließen davon wertvolle Gemälde kaufen oder prunkvolle Gebäude errichten.

Die »Sächsische Weinstraße« führt durch das Elbtal, eines der nördlichsten Weinanbaugebiete Deutschlands.

Bergmann beim Silberschürfen

Kostbarkeiten aus vergoldetem Silber, Grünes Gewölbe in Dresden

Junge mit Hunt

GRÜNE HEIDEN IN SACHSENS NORDEN

Wer die Landkarte Sachsens aufmerksam betrachtet, kann im nördlichen Gebiet oft das Wort »Heide« lesen.
Nördlich und östlich von Leipzig erkennen wir die Namen *Dübener Heide* und *Dahlener Heide*.
Im Nordosten Dresdens finden wir die *Dresdner Heide* und im Nordosten des Freistaates das *Oberlausitzer Heide- und Teichgebiet*. Der Boden solcher Heidelandschaften besteht meist aus Kiesen und Sanden.
Hier wachsen häufig Kiefernwälder, aber auch Eichen und weißstämmige Birken haben sich angesiedelt und bestimmen das Landschaftsbild.

Die Dübener Heide

Mit mehreren Naturschutzgebieten ist sie eines der schönsten Erholungsgebiete in Mitteldeutschland.
Dort, wo sich das Wasser staute, bildeten sich Teiche, die langsam verlandeten, das heißt zuwuchsen, und dadurch Brüche (Sümpfe) oder Moore bildeten. Sie sind ein Paradies für viele Pflanzen und Tiere.
Am Presseler Teich zum Beispiel zählten die Zoologen 50 verschiedene Brutvogelarten, 12 verschiedene Kröten-, Eidechsen- und Schlangenarten und 19 Arten von Libellen.
Im Zadlitzbruch bildete sich im Laufe der Jahrhunderte aus Pflanzenresten Torf, der in Notzeiten von den Bewohnern der umliegenden Orte in Form von Ziegeln abgestochen, getrocknet und als Heizmaterial genutzt wurde.

In dem Bruchwald fühlen sich der mächtige Rothirsch, die Bisamratte, die Maus, der Marder und viele andere Tiere wohl. Mit etwas Glück kann man den seltenen braunen Hirschkäfer entdecken. Das Männchen trägt mächtige Zangen und wird bis zu 7 1/2 Zentimeter lang.
Hirschkäfer ernähren sich von Baumsäften. Sie sind streng geschützt.
Im Wildenhainer Bruch sammeln sich in der Herbstzeit viele Kraniche vor ihrem Weiterflug in den Süden. Weithin schallt ihr Trompetenruf.
Hier wächst grau grünes Schilf meterhoch. Im Moor schwimmen auf Wasserlöchern weiße Teichrosen, auf Torfmoosen wächst die Moosbeere.
119 Spinnen- und 477 Schmetterlingsarten leben im Naturschutzgebiet.

Von Ameisenstraßen und Läusekolonien

Während viele Tiere sich im Dickicht des Waldes verstecken, begegnen wir den Ameisen überall. Scheinbar planlos trippeln sie kreuz und quer, oder sie wandern im »Gänsemarsch« auf richtigen »Ameisenstraßen« hin und her.

Im Wald sind die großen Ameisenhaufen der Roten Waldameise, an Wegrändern die flacheren Bauten der Schwarzen Wegameise zu finden. Aber auch in Spalten und Rissen legen sie ihre Nester an.

Obwohl in einem Ameisenhaufen alles scheinbar durcheinander kribbelt und krabbelt, hat jedes Tier seine Aufgabe.

Bis zu zwei Millionen Tiere leben in einem Ameisenhaufen der Roten Waldameise. Königinnen können 20 Jahre alt werden. Arbeiterinnen versorgen sie mit Nahrung, sie füttern die Larven mit Honigtau und schleppen sie bei Hitze in die unteren, kühleren Teile des Baues. Auch gehen sie auf Raub aus. Fast alle Raupen im Umkreis von 30 Metern, bis zu 10 000 am Tag, töten die Ameisen und schleppen sie in ihren Bau.

Zu den Freunden der Ameisen gehören die Blattläuse. Diese scheiden Honigtau aus, der vielen Ameisenarten als Hauptnahrung dient. Große Ameisenvölker verzehren 100 bis 300 Kilogramm Honigtau im Jahr. Sie halten die Läuse in richtigen Kolonien und beschützen sie vor ihren Feinden. Die Forstleute brauchen die Ameisen als Helfer bei der Bekämpfung von Schädlingen.

Feinde der Ameisen sind Spechte, Auerhühner und Eichelhäher, denn ihnen schmecken die Ameisen und ihre Larven sehr gut. Wildschweine und Hirsche wälzen sich gerne in den Ameisenhaufen Roter Waldameisen. Dann verspritzen die Ameisen aus ihren Giftbeuteln eine beißende Flüssigkeit. Sie vertreibt offenbar Ungeziefer aus dem Fell. Wer dieses Gift schon einmal auf der Haut spürte, weiß, daß es recht schmerzhaft zwickt. Für kleinere Tiere ist es tödlich.

Andere Ameisen beißen oder stechen.

Zu den Feinden der so emsigen Waldbewohner gehören auch unvernünftige Menschen. Anstatt den Fleiß und die Geschicklichkeit der Tierchen zu bewundern, zerstören sie deren Baue und schaden somit dem Wald.

Rote Waldameise auf Ameisenstraße

Ameisenbau

Blattlaus

Kennt ihr die »Quarkse«?

In der Lausitz, im Elbsandsteingebirge bis hin zum Osterzgebirge soll es leben, dieses freundliche und hilfsbereite Zwergenvolk. Doch nicht nur Quarkse, auch andere gute und böse Geister gehen in Sachsen um.
Früher konnten sich die Menschen viele Naturereignisse nicht erklären und glaubten an Wassernixen, Berggeister, Engel, Teufel, weiße Frauen und andere sagenhafte Gestalten, die mit den Menschen ihr gutes oder böses Spiel trieben.
Bei den Höhlen am Langenhennersdorfer Wasserfall und am Cottaer Spitzberg könnten die Quarkse uns einen ihrer gutmütigen Streiche spielen.
Einmal im Jahr sollen sie die Höhlen öffnen, doch leider kennt niemand den genauen Tag. Schauen wir uns ihre Taten einmal näher an:

Einst schenkten die Quarkse einer armen Frau ein kleines Päckchen. Diese warf es aus Angst weit von sich. Als sie eines Tages nach Hause zurückkehrte, fand sie in einer Ecke statt des Päckchens mehrere Silbermünzen.
Bei Bautzen luden die Quarkse zwei Wanderer zum Kegeln ein. Zum Abschied schenkten sie ihnen zwei Kegelkugeln. Einer der beiden Wanderer warf seine Kugel auf dem Heimweg in einen Bach. Pech für ihn, denn der andere entdeckte zu Hause staunend, daß seine Kegelkugel zu Gold geworden war.

Ein armer Bauernbursche in Cotta liebte eine Magd, die ebenfalls arm war. Deshalb durfte er sie nicht heiraten. Eines Tages entdeckte er beim Kartoffelhacken drei große goldene Kartoffeln. Und in der Furche sah er gerade noch ein rotes Zipfelmützchen. Nun konnte er sein Mädchen heiraten.
Viele Leute hackten daraufhin den Acker um. Sie fanden aber weder Kartoffeln aus purem Gold, noch konnten sie die Spitze einer Quarks-Zipfelmütze entdecken.

Ob es heute noch Quarkse gibt?

Wenn ihr euch im Wald ganz still verhaltet, hört ihr es knistern und knacken. Das sind die Quarkse. Sie beobachten euch! Und wenn euch in der Not schon einmal der Zufall geholfen hat, vielleicht waren es ja die Quarkse.

Eine Perle der Oberlausitz

Seeadler

Oberlausitz zwischen Bautzen, Niesky und Hoyerswerda

Rohrweihe

Zwischen Bautzen, Niesky und Hoyerswerda – unweit von Braunkohletagebauen und qualmenden Schornsteinen – befindet sich eine der idyllischsten Landschaften Deutschlands. Vielleicht vermissen Wanderer hier die Berge, die tief eingeschnittenen Täler und die steilen Felsen. Dafür entdecken sie stille Seen, schattige Wälder, Sümpfe und Moore, sonnige Heidelandschaften, Felder und romantische Wiesen.

Viele vom Aussterben bedrohte Vögel finden hier Nahrung und Brutplätze. Seeadler und die großen schwarzen Kormorane jagen in den Seen nach Fischen, der scheue Kranich findet Insekten, Frösche, Eidechsen und Mäuse. Abends gleitet im niedrigen Flug die Rohrweihe über Felder, Wiesen und Weiden und sucht nach Insekten, Mäusen, Kleinvögeln und jungen Wasservögeln.

Wer ein seltsam schnurrendes »Errrr örrr errrrr örrrrr« vernimmt, der lauscht dem merkwürdigen Gesang des drosselgroßen Ziegenmelkers, auch Nachtschwalbe genannt. Dieser Vogel mit dem rindenfarbigen, dicht gesprenkelten Gefieder baut kein Nest, sondern legt die länglich-ovalen Eier einfach auf die kahle Erde und brütet dort auch.

Fischotter

Kranich

Ziegenmelker

1992 horsteten in dieser Landschaft 15 Seeadlerpaare. Fast 30 Storchenpaare beziehen jedes Jahr wieder ihre Nester.
Auch der Fischotter fühlt sich dort wohl. Von den etwa 700 Fischottern, die es in ganz Deutschland gibt, leben hier etwa 120. In vielen Ländern ist er schon ausgestorben. Der ohne den 30 bis 50 Zentimeter langen Schwanz ungefähr 80 Zentimeter messende braune Fischotter ist ein vorzüglicher, gelenkiger Schwimmer, der bis zu zwei Minuten taucht und Fische jagt. Aber auch Enten- und andere Vogeleier verschmäht er nicht.

Fledermaus

Am Abend huschen Fledermäuse wie taumelnd durch die Bäume. Doch der Eindruck täuscht. Auf der Jagd nach Insekten vollführen sie akrobatische, blitzschnelle Wendungen. Fledermäuse orientieren sich mit Hilfe von hohen Tönen, die sie beim Fliegen ständig ausstoßen. Trifft der Schall auf eine Beute, kehrt er zurück, und die Fledermaus findet sie sicher. 14 Arten leben hier unter Dächern, in Fels- oder Baumhöhlen, zum Beispiel Hufeisennasen, Mausohren oder Abendsegler.
Der weißbraune Fischadler nistet auf alten Bäumen, späht im Flug aus 10 bis 40 Metern Höhe nach seiner Beute, stürzt sich ins Wasser, um dann, einen Fisch in den Fängen, mit wuchtigen Flügelschlägen zu seinem Horst zu fliegen.

Fischadler

In den Feuchtwiesen wachsen die 10 bis 15 Zentimeter großen, violett blühenden Moorveilchen sowie Orchideen und der Sonnentau.
Zu den seltenen Pflanzen gehört die Sumpf-Calla. Man nennt sie auch Sumpfschlangenwurz. Sie wächst bis zu 30 Zentimeter hoch und zählt zu den Arongewächsen.
Am Wasser der über 100 zusammenhängenden Teiche – dem größten Teichgebiet Deutschlands – sitzt stundenlang so mancher Angler und stellt den Fischen nach. Bereits vor mehr als tausend Jahren legten hier slawische Siedler künstliche Fischteiche an. In 240 Teichen betreibt man heute Binnenfischerei; vor allem Karpfen werden gezüchtet.
In einem denkmalgeschützten Gebäude – der Alten Försterei in Mücka – befindet sich eine Naturschutzstation, von der aus Naturschützer diese einzigartige Landschaft betreuen und erhalten.

Sumpf-Calla

Moorveilchen

Orchidee

DA WUNDERT SICH DER DINOSAURIER

Käme heute ein Dinosaurier in den deutsch-sorbischen Ort Kleinwelka/Maly Wjelkow bei Bautzen, er würde große Augen machen. In einem kleinen Park findet er über 40 Nachbildungen vieler Verwandter. Aber auch im Garten eines Hobby-Naturforschers stehen weitere dieser »Urviecher«. Sie alle schuf der »Sauriervater von Kleinwelka«, ein gelernter Dekorationsmaler. Die Tiere bestehen aus Stahl und Beton.

Im Frühjahr 1978 begann er mit seinem außergewöhnlichen Hobby, das allmählich immer mehr Neugierige anlockte.

Mehrere Millionen Besucher aus dem In- und Ausland, jedes Jahr etwa 500 000, bewunderten bereits die lebensgroßen Saurier aus der Vorzeit. Sie sind nicht allein der Phantasie entsprungen, sondern alle ihren natürlichen Vorbildern nachgestaltet, die vor langer Zeit die Erde bewohnten. Die echten Saurier entwickelten sich vor etwa 220 Millionen Jahren, lebten dann 154 Millionen Jahre auf allen Erdteilen und starben vor 66 Millionen Jahren aus.

In der Zeit der Saurier war es auf der Erde viel wärmer als heute und zeitweise auch wesentlich feuchter, so daß in vielen Gebieten die Pflanzen üppig wuchsen. Da fühlten sich die Dinosaurier wohl. Mehrere Arten dieser Reptilien lebten auf dem Land und legten Eier, aus denen die Jungen schlüpften. Viele fraßen Pflanzen,

Die Gliederechse (Scelidosaurus) lebte in Europa. Dieser Pflanzenfresser wurde etwa 4 Meter lang. Die Knochenhöcker und Stacheln schützten ihn vor Feinden.

Reste des Einhorns (Monoclonius) fand man in Mexiko. Der Saurier erreichte eine Länge von fünf Metern und fraß Pflanzen.

Die Dickschädelechse (Pachycephalosaurus) aus Nordamerika, ein Pflanzenfresser, wurde bis zu 8 Meter lang. Man vermutet, daß die männlichen Tiere während der Paarungszeit miteinander kämpften, indem sie ihre starken Schädel aufeinander stießen.

Das Dreihorngesicht (Triceratops) lebte in Nordamerika. Er wurde 11 Meter lang und vier Meter hoch. Mit seinem großen Knochenkragen und den drei Hörnern konnte der Pflanzenfresser auch größere Raubsaurier abwehren.

doch es gab auch Raubsaurier, die sich auf das Fleisch anderer Saurier spezialisiert hatten. Manche liefen auf allen vier Beinen träge und langsam, andere hüpften, ähnlich wie die Känguruhs, vorwiegend auf den Hinterbeinen. Es gab kleine Dinosaurier, aber auch riesengroße wie den 15 Meter hohen Brachiosaurus.

Das Meer eroberten Meeressaurier. Durch die Luft flogen Flugsaurier, die einen sperlingsgroß, die anderen von der Größe eines Flugzeugs.

Woher wir das wissen? Forscher fanden auf allen Erdteilen Knochenreste, aber auch vollständige Skelette, Fußspuren sowie versteinerte Dinosauriereier.

Seit 1992 lädt am Park auch ein Irrgarten, aus Hecken gestaltet, zum Besuch ein.

Das Riesenkrokodil (Deinosaurus) war bis zu 18 Meter lang und damit das größte Krokodil, das es je auf der Erde gab. Allein der Schädel hatte eine Länge von 3 Metern. Der Fleischfresser lebte in Seen und Flüssen Nordamerikas und jagte selbst große Saurier.

Zwei Quellen – wo entspringt die Spree?

Es gibt einen Streit um zwei Quellen, welche der beiden denn nun die echte Spreequelle ist. Bei Neugersdorf, in einer sumpfigen Wiese, liegt der Spreeborn. In alten Militärkarten ist diese Quelle durch eine Entscheidung des Generalstabschefs von Moltke als die echte Spreequelle bezeichnet worden.

Am Westhang des 583 Meter hohen Kottmar, er liegt bei Eibau in der Oberlausitz und ist ein Vulkankegel, entspringt eine andere Spreequelle. Würdevoll eingefaßt, sprudelt hier ein klares Wasser, von dem wir uns kaum vorstellen können, daß es später als munterer Fluß durch die mittelalterliche Stadt Bautzen fließt und daß es die Talsperren Bautzen und Spremberg mit Wasser versorgt. Die Hauptstadt Berlin ist auch als »Spreeathen« bekannt.

Der Streit ist beendet, die Quelle am Kottmar gilt heute als die anerkannte Spreequelle.

Viele Besucher zieht es hierher.

Die Spree bietet vielen Tieren Lebensraum. Im klaren, sauberen Wasser ihres Oberlaufs huschen dunkle kleine Fischchen, die Elritzen, hin und her. Dort, wo die Spree langsamer fließt, ist die Plötze, ein bis zu 25 Zentimeter langer Fisch, zu Hause.

In den Speicherbecken der Spree stellen Angler den Karpfen nach, die, wenn sie dem Angelhaken entgehen, bis zu einem Meter lang werden können.

Zwischen den Wasserpflanzen lauert fast unbeweglich der durch seine Färbung gut getarnte Hecht auf Fische, Frösche, Kröten, sogar Mäuse, Ratten und junge Wasservögel.

Auch Winzlinge bewohnen die Spree. Flohkrebse und durchsichtige Wasserflöhe gehören zur Nahrung vieler Fische. Der winzige Wasserfloh muß Tag und Nacht mit seinen Fühlern rudern, um nicht auf den Boden zu sinken. Auch die 1 Zentimeter lange Wasserassel lebt zwischen Laub und Pflanzenresten.

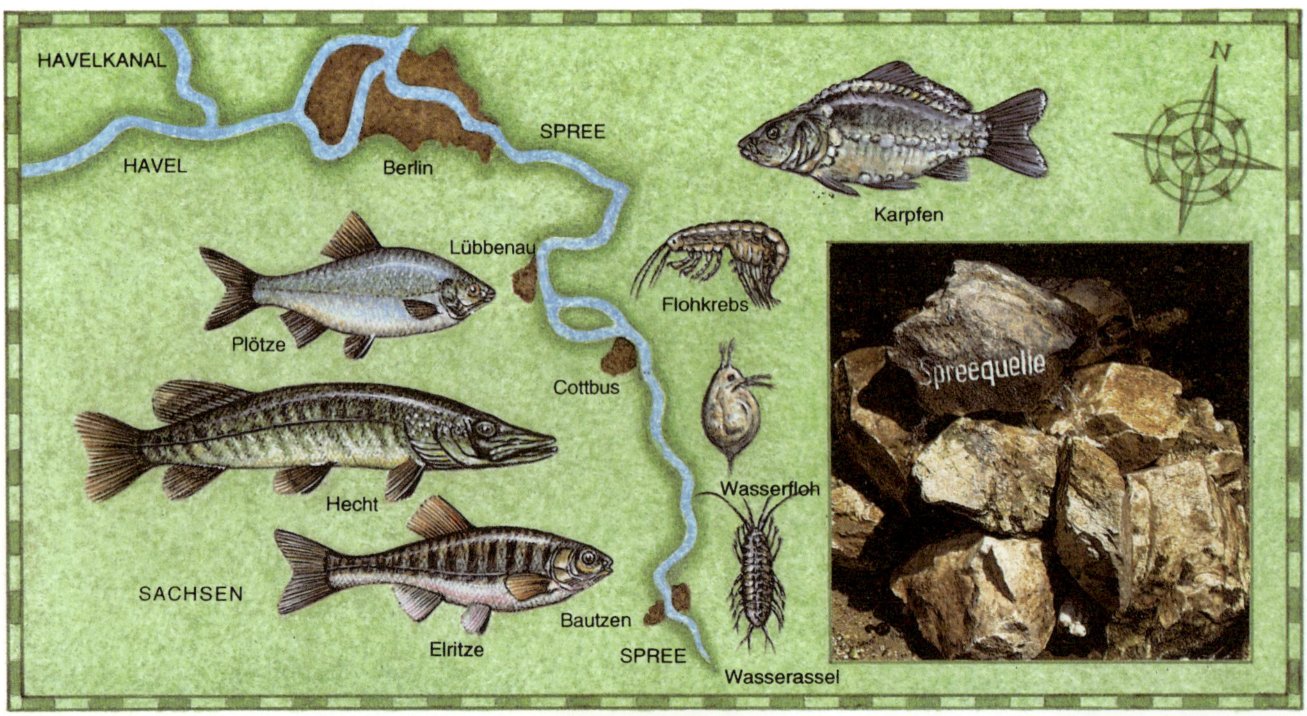

Von einem aufsehenerregenden Kriminalfall

Betrachtet einmal das Bild mit den berühmt gewordenen Lausbuben Max und Moritz von Wilhelm Busch genau! Vielleicht wißt ihr schon, was das dort an der Mauer für ein Ding ist. Richtig – es ist ein Mühlstein.

Sicher erinnert ihr euch: Von Max und Moritz blieben nach ihrem letzten Streich nur noch kleine Teilchen übrig. Es könnte sein, daß der Mühlstein, der sie zermahlen hat, aus den Mühlsteinbrüchen bei Jonsdorf im Zittauer Gebirge stammt. Das Zittauer Gebirge besteht wie das Elbsandsteingebirge überwiegend aus Sandstein. Durch Risse und Spalten drang in der Vorzeit glühendheißer Gesteinsbrei nach oben. Durch den heißen Lavabrei wurde der weiche Sandstein aufgeschmolzen. Nach dem Erkalten war der Sandstein zwar noch körnig, aber sehr hart. Deshalb eignete er sich besonders gut für die Herstellung von Mühlsteinen, die ja Getreidekörner zerreiben und zermahlen sollten. In der Mitte des 16. Jahrhunderts begann bei Jonsdorf der Abbau des Sandsteins. Bis nach Holland und Rußland wurden Mühlsteine geliefert. Nach 1925 produzierte man in dieser Gegend keine Mühlsteine mehr.

Ob nun Mühlsteine aus Jonsdorf die Strafe an den bösen Buben Max und Moritz vollzogen, wird wohl ein ungelöster Kriminalfall bleiben.

Neben den Sandsteinen finden wir im Zittauer Gebirge noch andere Gesteine. Das älteste ist der harte, graue Granit, der in vielen Teilen der Lausitz vorkommt. Jünger als Granit und Sandstein ist der feinkörnige Basalt, aus dem viele Bergkuppen bestehen.

Wasser, Frost und andere Kräfte arbeiteten in manchen Gebieten interessante Felslandschaften heraus. Zu ihnen gehört die »Jonsdorfer Felsenstadt« mit vielen Felsentürmen, denen der Volksmund besondere Namen gab, zum Beispiel die »Große Orgel« und die »Kleine Orgel«. Der Naturforscher Alexander von Humboldt bezeichnete diese Felsengebilde aus Sandstein als »einzig in ihrer Art«.

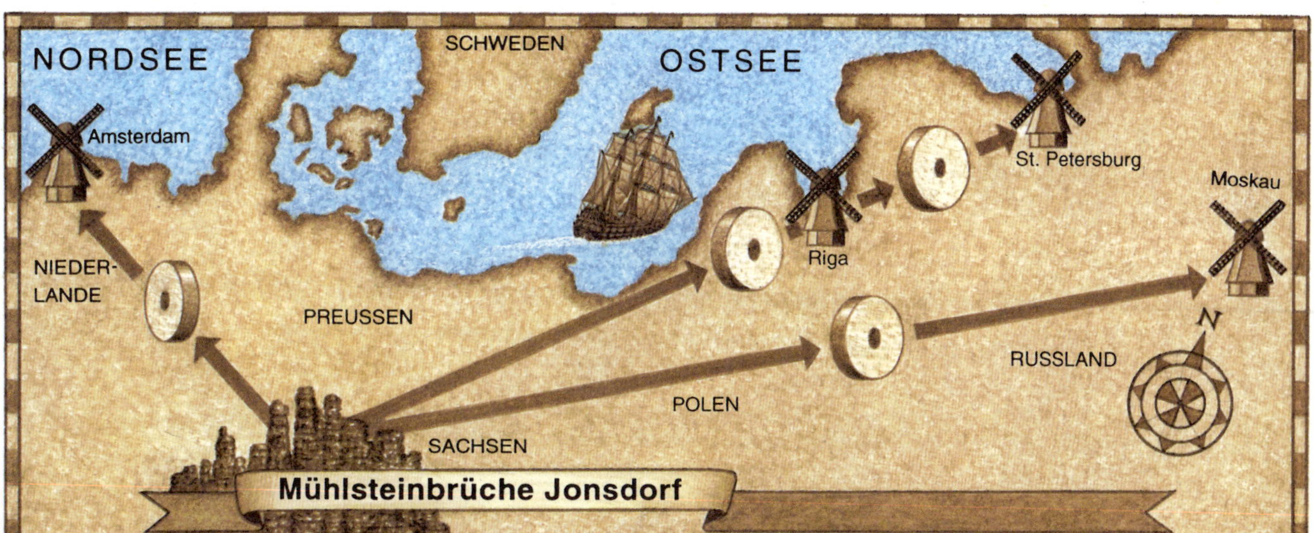

Quellen- und Literaturverzeichnis

S. 11: Zitat. Moritz, M.: Die Steinbrecher im Elbsandsteingebirge. In: Bunte Bilder aus dem Sachsenlande. II. Band. Hrsg. von den Sächsischen Pestalozzi-Vereinen. © Julius Klinkhardt, Leipzig 1902, S. 89 f.

S. 14: Zitat. Aus: Weinart, B. G.: Topographische Geschichte der Stadt Dresden. © Zentralantiquariat der DDR, Leipzig 1987, S. 97.

S. 17: Zitat. Rasche, E.: Die Albrechtsburg. In: Bunte Bilder aus dem Sachsenlande. I. Band. Hrsg. von den Sächsischen Pestalozzi-Vereinen. © Julius Klinkhardt, Leipzig 1901, S. 18.

S. 22: Zitat. Aus: Menchén, G.: Romantische Reise durch Sachsen. © Brockhaus Verlag, Leipzig 1989, S. 51.

S. 23: Zitat. Ebenda, S. 58.

S. 28: Zitat. Aus Schmidt, O. E.: Zur Siedlungsgeschichte der Flußgebiete der Müglitz und der Gottleuba. In: Mitteilungen des Landesvereins Sächsischer Heimatschutz. XVI. Band., 1927, S. 375.

S. 30: Berichtsauszug. Longwitz, H.: Die Bingen bei Altenberg und Geyer. In: Bunte Bilder aus dem Sachsenlande. II. Band, A.a.O., S. 130.

S. 34: Zitat Steckbrief. In: Menchén, G.: Romantische Reise durch Sachsen. A.a.O., S. 99.

Bildnachweis

Außentitel: Fischer, R.
2. Umschlagseite: Fischer, K.;
3. Umschlagseite: Fischer, K.; Blümel, H. (rechts unten);
Bernhardt, H. (30); Blümel, H. (20 links, 42); Brandt, M. (44, 45); Fischer, K. (47); Fischer, R. (Repro: 14, 22, 36, Karten: 4, 20, 21, 23 links, 46, 47); FVB Marienberg/A. Weißbach (35); FVB Zinnwald (32); Hoffmann, G. (5 rechts unten, 8, 10, 11, 12, 13, 18 rechts, 23 rechts, 25); Hoffmann, W. (24, 26, 31, 33 oben); Hron, D. (9); Rat der Gemeinde Syrau (37); SächsHstA, Kartenabt., Schr. I, F. 13, Nr. 10 A, Bl. IV. (3);
Sächsische Landesbibliothek, Abt. Deutsche Fotothek (Auraß/ 5 rechts, Döring/ 5 Mitte oben – Kol. Stich von Christian Friedrich Sprinck, Stadt und Festung Königstein von der Morgenseite mit Genehmigung zur Veröffentlichung durch die Staatlichen Kunstsammlungen Dresden, Albertinum, 5 unten links, 28 rechts, Novak/28 links);
Schäfer, E. (6, 7); Schlechte, G. (18 rechts); Schröder, J. (16); Theuerkauf, H. (23 rechts, 40); Thomas, H. (20 rechts); Zeichnung von Wilhelm Busch (47).

Die Heimat-Reihe wird herausgegeben von Manfred Brandt.

ISBN 3-06-100448-3

1. Auflage

Printed in Germany
Redaktion: Christa Krauthakel
Illustrationen: Heinz Ebel
Konzeption und Gesamtgestaltung: Rainer Fischer
Typografie: Torsten Lemme